红色记忆® 47

先烈英魂

海南省文化交流促进会　编著

南海出版公司

2015・海口

图书在版编目（CIP）数据

红色记忆．47，先烈英魂／海南省文化交流促进会编著．
-- 海口：南海出版公司，2015.12（2025.1 重印）
ISBN 978-7-5442-5952-1

Ⅰ．①红… Ⅱ．①海… Ⅲ．①革命传统教育－中国－青少年读物 Ⅳ．① D642-47

中国版本图书馆 CIP 数据核字（2015）第 282175 号

HONGSE JIYI · 47——XIANLIE YINGHUN

红色记忆 · 47——先烈英魂

作　　者　海南省文化交流促进会
总 策 划　刘　栋
顾　　问　贾延岩
执行总编　任在齐
责任编辑　聂　敏
封面设计　郑广明
排版印务　陈书敏
发行总监　杨成春
出版发行　南海出版公司　电话：（0898）66568505
社　　址　海南省海口市海秀中路 51 号星华大厦五楼　邮编：570206
电子信箱　nhpublishing@163.com
经　　销　新华书店
印　　刷　天津睿意佳彩印刷有限公司
开　　本　787 毫米 ×1092 毫米　1/16
印　　张　6.75
字　　数　112 千字
版　　次　2015 年 12 月第 1 版　2025 年 1 月第 2 次印刷
书　　号　ISBN 978-7-5442-5952-1
定　　价　39.80 元

对历史无知的人，没有真正的信仰可言；没有信仰的人，不可能拥有美好的理想，不可能胸怀崇高的情感，也就不可能担负起任何责任。用欲望文化代替历史教育，足以使一个国家的青年被腐蚀、使一个民族的希望被毁掉，使这个国家和民族被永世万代地奴役！

鉴于此，我们呼唤历史，唤回那段属于二十世纪的“红色”历史，唤回那段炮火硝烟、颠沛流离的历史，唤回那冲天的狼烟留下的悲壮回忆、岁月年轮沉淀的斑驳痕迹。历史不应该被忽略，更不应该被遗忘，牢记那段革命战争年代的红色历史更是责任。为了那些不应该被忘却的记忆，为了那些不应该被丢弃的信念，于是就有了这套《红色记忆》丛书。

曾记否，当草鞋与意志丈量出来的两万五千里穿越一个伟大民族五千年的荣辱兴衰，革命的火种被一路播撒、一路点燃。人迹罕至的雪山、荒无人烟的草地被鲜血浸透，衬映出一段光辉的里程；万水千山早已被远远地抛在身后，一轮红日在黄土高原磅礴而起。满目疮痍的河山在1936年10月温暖如春……

曾记否，当生命和鲜血浸染的十几年光阴将一种记忆铭刻进一个伟大民族的历史画卷，革命的火焰从星火到燎原。这栏杆拍遍、易水悲歌般的呼号，这折戟沉沙、慷慨赴义的悲壮，这铁马冰河、枕戈待旦的苦战，这红旗漫卷、所向披靡的豪迈……腔腔热血、铮铮铁骨早已被熔铸成一座不朽的丰碑，中华民族从苦难中百死后生的壮丽诗史凝结成了五星闪耀的红色记忆。

曾记否，中华人民共和国成立以来，又有无数英烈接过前辈用鲜血染红的旗帜，或壮怀激烈戍边卫国，或忠于职守鞠躬尽瘁，或绝甘分少奉献大爱，甘做国家强盛、人民富裕的铺路石，成为和平年代民族复兴的荣光，把人民心中的红色记忆浸染得分外鲜艳，永不褪色。

这红色记忆，是信念不衰、志向不改的崇高气节；这红色记忆，是无私无我、生属苍生的博大胸怀；这红色记忆，是敢为人先、披荆斩棘的拓荒精神；这红色记忆，是中华民族最宝贵的精神财富。它告诫我们，人事有代谢，传承无绝期。缅怀先烈精神，继承先烈遗志，是社会的道德和民族的良心，是后来者须臾不可忘怀的本分。

老一代人把历史的真实交付给我们，我们有责任用真实还原历史，传承给下一代，把那段岁月与现在年轻人的生活连接到一起，使他们眼中的历史变得立体、真实、可靠，让历史成为他们前进的动力。本丛书将那些流动的、随时会飘散在时间天际的事件凝固下来，希望透过这些文字、图片，感受到英雄们那坚定的革命信念，感受到那个年代澎湃的革命激情，真切体会那段“红色历史”。

忘记历史，就意味着背叛。让我们重温历史，缅怀先烈，从中汲取力量，毅然前行。

刘栋

目录 CONTENT

目录

CONTENT

辽宁赤子白乙化：血沃幽燕，名垂千古

文/劳　理

白乙化

白乙化是丰滦密抗日根据地的创建人，是抗战期间北京地区牺牲的我军最高级别指挥员。白乙化牺牲后，八路军冀热察挺进军发表的《告全军同志书》指出："他的牺牲不但是八路军挺进军的损失，而且是中国共产党和中华民族的一个很大损失！损失了一个有着丰富军事经验的优秀指挥员，损失了一个有着长期斗争历史的坚强的党的干部，损失了一个曾为中华民族独立而不屈不挠、艰苦奋斗的民族英雄，损失了一个曾为阶级解放而再接再厉、英勇牺牲的无产阶级先锋。"

投笔从戎

白乙化，字野鹤，满族人，1911 年 6 月 11 日出生于辽阳县石场峪村。他自幼天资聪敏，志存高远，极为崇拜岳飞、文天祥等英雄。在中学读书期间，白乙化曾组织带领同学开展"不买洋货，要买国货"的爱国宣传活动。中学毕业后，白乙化考入沈阳东北军教导团，不久升入东北讲武堂步兵本科。1929 年，因不满军阀混战，白乙化离开讲武堂，到北平入弘达中学补习，同年秋考入北平中国大学政治系。1930 年秋，白乙化加入中国共产党。

1931 年，九一八事变爆发，白乙化满腔悲愤，向校方申请："国家兴亡，匹夫有责。吾当先去杀敌，再来求学。如能战死在抗战杀敌的战场上，余愿得偿矣！”此后，按照党组织的指示，白乙化只身返回家乡，以教书为名，联络有志之士进行武装斗争。1932年5月，白乙化带队奇袭辽阳警察局，夺走十支步枪，组织起“抗日义勇军”，报号“平东洋”，任司令。他率领这支队伍转战辽阳、新民、沟帮子、凌源等地，给日伪军以有力打击，队伍迅速扩展到三千余人。1933年春，由于粮弹不继，队伍被迫退入关内，被国民党军队强行缴械遣散。白乙化重返中国大学学习。

1935年7月，白乙化大学毕业，获学士学位，留在学校文书股任职。这期间他经常秘密参加抗日救亡活动。在一二·九爱国运动中，他奋勇当先，积极组织同学集会、游行。被捕入狱后，仍然坚持斗争。被营救出狱之后，白乙化奉党组织的指示，以东北流亡学生的身份，于1936年夏前往东北义勇军绥西垦区（绥远省西部河套地区和硕公中垦区）工作，先后任中共绥西特委委员、垦区工委书记，垦区特委书记等职。七七事变爆发后，他组织武装暴动，成立了“抗日民族先锋队”，当选为队长兼任党总支书记。同年11月，他率领队伍南渡黄河，横穿库布齐沙漠，于1938年6月胜利到达雁北，与八路军三五九旅会师。同年秋，参加了粉碎日伪对雁北地区“扫荡”的战斗。

开进平西

1939年初，八路军三五九旅旅长王震在写给晋察冀抗日根据地负责人萧克的信中说：“我这里有二百多名平津流亡青年学生……有不少还是共产党员。他们年轻，有文化知识，领会党的政策快，会做群众工作，为首的叫白乙化，曾在东北讲武堂学过军事。”萧克阅信后立即回复：“欢迎白乙化率‘抗日先锋队’来平西！”

平西包括宛平、房山、涞水三个县大部，昌平、延庆、良乡、涿鹿、涿县（涿州市）、蔚县、宣化、怀来等县一部。1938年3月初，我晋察冀军区建立了平西抗日根据地，成为插在华北敌后的一把尖刀。

1939年4月，白乙化率抗日民族先锋队由山西开进平西抗日根据地，编入冀热察挺进军，后与冀东抗日联军合编为华北人民抗日联军，董毓华任司令员，白乙化任副司令员。不久，董毓华病逝，白乙化独自挑起了领导重任。其间，他指挥了沿河城战斗，击溃进犯根据地的日军大岛大队，毙伤敌奥村中队长等一百三十余人。

1940年1月，华北人民抗日联军改编为八路军晋察冀军区第十团，白乙化任团长。十团是八路军中少有的知识分子团，主要领导都是参加过一二·九运动的大学生地下党员。白乙化对部队进行严格整顿，加强思想政治工作，使之很快成为一支

能打硬仗的队伍。在粉碎日军对平西抗日根据地十路围攻的战役中，该团配合兄弟部队阻击东北方面来犯之敌，与敌激战十多个昼夜，毙伤敌三百余人，击落敌机一架，使得敌人原计划四十天的“大扫荡”，仅十四天即狼狈收场。

创建新根据地

1940 年春，白乙化奉命率领十团挺进平北，创建丰（宁）、滦（平）、密（云）抗日根据地。白乙化带领指战员一路拼杀，穿过平绥路，在昌平沙塘沟伏击日军，歼敌三百余人。5 月 28 日，队伍抵达密云县，将横跨长城内外的云蒙山区定为根据地中心区。白乙化果断分兵出击，亲率一营北出长城，连克五道营子、小白旗、司营子、虎什哈等日伪据点后，又在丰宁境内歼伪军一个营。这些战斗的胜利，为新区的开辟创造了有利条件。不久，丰滦密抗日联合县成立。

“百团大战”打响以后，白乙化率部出击平（北平）古（古北口）铁路，焚毁火车站，炸毁陈各庄铁路大桥和潮河大木桥，历经五十六次大小战斗，共毙伤俘敌四百余人，缴获了大批军用物资。

1940 年 9 月 23 日，日伪调集四千余兵力，对丰滦密地区进行了长达七十八天的“大扫荡”。白乙化审时度势，主持制定了“敌进我进，到外线去打击敌人，开辟新地区”的反“扫荡”方针。当敌人将要结束“扫荡”时，转到外线的部队返回内线，于冯家峪南湾子设伏，给撤退的日军“常胜部队”哲田中队以毁灭性打击，使丰滦密抗日根据地得以巩固和发展。

英雄传奇

白乙化身高在一米九以上，脸上留着又黑又浓的络腮胡，因乳名“小龙”，因而被称为“小白龙”。他双手使枪，百发百中，手榴弹投得又远又准，在战场上总是出现在最危险、最关键的地方。在一次伏击战中，他发现日军用旗语指挥作战，便迅速端起步枪，三枪击毙了三个日军旗语兵，第四枪又把日军的指挥旗打飞在地，吓得旗语兵再不敢站起来，失去指挥的日军顿时成了无头苍蝇。在另一次战斗中，日军飞机欺负我军没有重型武器，低空盘旋，狂轰滥炸。白乙化端起步枪率领战士一阵排射，结果击中了敌机驾驶员，打着了油箱，敌机哀鸣着在阵地前坠毁。老百姓爱戴白乙化，把他看作传奇式的英雄。

“健全自己，影响旁人”，这是白乙化坚守不渝的格言。他严于律己，和战士穿一样的衣服，吃一样的饭菜。上级分配给他的一匹黄骡子，他让给伤病员骑，还安慰伤员说：“我腿长，骑着它也是脚踩地，倒不如不骑。”由于他平易近人，与战士亲如手足，大家都亲切地称他为“白大胡子”“白大个子”。

白乙化烈士陵园

壮烈牺牲

1941 年 2 月初，上级来电，任命白乙化为平北军分区副司令员。这时，日军道田讨伐队向我根据地发动进攻，白乙化决定等打完这一仗再去赴任。2 月 4 日，白乙化在战斗中不幸中弹牺牲，年仅三十岁。

白乙化的遗体被就地安葬在密林中。十团和丰滦密联合县在石城乡隆重举行了追悼大会，八路军冀热察挺进军发布了《告全军同志书》。1944 年 5 月，丰滦密联合县和冀北第五地区队为白乙化立了纪念碑。为了避免被日军破坏，乡亲们用油布将纪念碑包起来藏在地下，直到中华人民共和国成立后才挖出来。该纪念碑现存于首都博物馆。

1984 年，白乙化烈士陵园和纪念馆在密云石城乡河北村落成。在重建的纪念碑上，镌刻着萧克将军手书的碑文：血沃幽燕，名垂千古。

（本文选自中国共产党新闻网）

用血书写的名字——程用书烈士

文 / 马定荣

程用书，原名孙化中，1917 年 8 月出生于含山县运漕镇。十七岁从黄麓师范毕业，当时国民党横征暴敛、抽丁抓夫，而程用书因有兄弟五人，他又居其长，被抓丁入役。不久，他又入西安军官学校学习。

1937 年，卢沟桥事变爆发，八一三事变后日军大举进攻上海，中华民族到了最危险的时候。正在学习的程用书，目睹金瓯破碎、河山带血，心潮难平。在该校爱国青年抗日呼声不断高涨的影响下，程用书随同部分校友被调至上海，投身保卫上海的战斗中。但是，由于蒋介石坚持片面抗战路线，实行消极防御的战略方针，该部终因孤军作战而溃败。同年冬，程用书随军撤退到苏州整训。其间，程用书发觉国民党无抗战诚意，古人云“养兵千日，用兵一时”，大敌当前，不去前方抗日，而在后方整训，岂不是“天桥的把式——只说不做”？于是他称病告假，回到家乡。

程用书在家闲住期间，耳闻亡国之舆论，目睹民怨沸腾之状，愤然而起，冲破家庭的羁绊，参加了地方保安队。不久，程用书和一群血气方刚的青年，袭击了位于无为、含山、和县三县交界处三汊河的敌人。虽然打死了几个日军，出了一口气，但终因寡不敌众，败下阵来。事实又使他认识到，这些国民党的地方武装也并非真正的抗日。

1938 年春夏之交，正当程用书为报国无门、救国无路、羞愧难言之时，忽听说无为东乡有新四军在活动，是专打日军的。于是，抱着闯一闯的念头，他来到无为县陡沟区沙坝村的亲戚家一探真假，很快结识了中共无东区（即三区）区委书记王亦龙。王亦龙也十分喜爱这个有文化、有志气的青年。

为提高他的觉悟，王亦龙经常与他挑灯夜谈、促膝谈心，讲中国共产党的性质和任务，讲国共合作和党的抗日政策，讲新四军的官兵平等、英勇善战和节节胜利的战斗故事，这些闻所未闻的新思想如同新鲜的血液注入了他的身体。

1939 年 5 月，经王亦龙介绍，程用书光荣地加入了中国共产党。接着，组织上决定让他返回运漕镇，担任运漕镇党支部书记。他历经坎坷之后，终于走上了真正的救国救民的人生之路。

与魔鬼打交道

运漕，是裕溪河畔的重镇，交通方便，经济繁荣，素有“小芜湖”之称，又是商贾巨户、三教九流出没之地，社会情况极为复杂。根据党的指示，程用书以教书为公开职业，采取交朋友、拜把子、拉关系等方式，和伪区长建立了“友情”，打入伪区政府，担任了伪区员，借以取得合法身份，进行党的活动。

一次，为解决我军印刷公文和宣传用纸的问题，他联络了几个同志，在夜深人静伪官员都已熟睡之时，悄悄打开伪区政府的后门，采取里应外合的方法，把白天已观察好的油印机和一部分纸张运出来，迅速用小船运往临江办事处驻地。第二天又机警地躲避了伪区政府的查问。1941 年 5 月，无为县抗日民主政府成立后，皖中的抗日斗争形势发展更为迅速。为宣传党的抗日统一战线政策，打击日伪奸特的破坏活动，10 月的一个夜晚，程用书和（小）刁筠寿、张在中潜到运漕西街的伪含山县政府门前，张贴《新四军无为人权保障条例》。他们一人在前探路，看看是否有人，用暗号联系后，第二人即上去刷好面糊，接着第三人就迅速将布告贴上，旋即离开，就这样将布告贴在运漕镇的大街小巷。第二天一大早，运漕伪区警署发现后，大吃一惊，唯恐影响扩大，立即驱逐围观的居民，撕下布告。

程用书以教书为职业，以伪区员的身份，经常衣冠楚楚、落落大方，往来于日伪军驻地，穿梭于魔鬼之间，谈笑在觥筹交错的酒宴席上，博得了敌伪人员的欢心，甚至应邀列席一些会议。这年深秋，程用书在一次会上得知日军要到无为县陡沟区一带“清乡”的消息后，表面上显得若无其事，可内心却焦急万分。会后他立即派了两位同志，连夜渡河，奔赴陡沟，汇报敌情。区委得悉后，迅速转移，使得敌伪“清乡”扑空，狼狈而回。

程用书在与魔鬼打交道的过程中，机智、巧妙地领导支部开展党的各项工作。街道上，日军据点的四周，都有身着破烂衣服，以擦皮鞋、摆地摊为掩护的我党地下工作者，为联络临江与和含的交通，战斗在敌人眼皮底下。由于敌伪的“清剿”计划落空，物资被截，时而还有士兵失踪，惹得他们的上司十分恼火。于是，对程用书顿生疑窦，但碍于伪区长面上而又没有确凿的证据，一时不好动手。为此，一天夜里，几个日伪军带着翻译和“十一号”特务，突然闯入程用书家，以查户口为

名进行搜查。对此，程用书早有警惕。当日军打门时，他若无其事，应声起床，利用穿衣和走路时间，顺便检查一下文件和一支枪的收藏情况，随即神情自若，慢步去开门。敌人很不耐烦地蹿进屋内，一面问这问那，一面东寻西找，结果一无所获，悻悻而去。

血染的风采

敌人的突然盘查，虽说一无所获，然而程用书深知，敌人已注意到自己了，往后的工作将会更加艰难。党组织也十分关心他的安全，拟调他去外地工作。程用书说："我是运漕人，情况熟，何况我还有个教书的职业，敌人一时还不能把我怎么样，还是让别的同志先走吧。"

可是，就在这时候，一个披着抗日外衣的家伙投入了敌人的怀抱，出卖了程用书。1943 年 2 月的一天，一群恶魔直冲程宅，破门而入，其中一个日军小头目指着程用书鼻子说："你的，大大的马虎子（即新四军）！"程用书极其冷静而又怒火满腔地回答："我是教书先生，不知什么是'马虎子'！"疯狂的敌人岂容分说，将他一家三口全部抓去，关在运漕镇东街美孚洋油站。在牢房里，程用书预感到凶多吉少，便嘱咐妻子，一定要守口如瓶，只说自己是良民，丈夫是教书先生。"宁可死我一个，也不能暴露组织。"

第二天上午，敌人把程用书从大油罐里拖出来，先用棍棒毒打，然后施以酷刑，逼他供出运漕共产党的组织，程用书咬紧牙关，以"不知道"的回答或一言不发的沉默，抗击敌人的审讯、拷打。下午，凶残的敌人又将他全身倒挂在大油罐架上，浇灌辣椒水，直至鲜血从鼻孔、口腔呛出，然后再用冷水浇泼，继之用刑。敌人如此轮番地对程用书进行灭绝人性的折磨，使其几次昏死过去，几次苏醒过来。尽管如此，程用书始终以一个共产党员的钢铁意志，坚贞不屈，怒目而视。敌人在酷刑用尽之后，再也无计可施。

1943 年农历二月二十二，运漕上空乌云淹没了阳光，寒风卷去了热闹的市面，数千乡亲早早站立在街道两旁，等待着目送一位抗日英雄。

下午 3 时，奄奄一息的程用书戴着手铐脚镣，在日伪军的"簇拥"下，步履艰难地走着。镣铐在青石板铺成的街道上，发出铿锵有力的叮当声。程用书昂首挺胸，向亲爱的乡亲报以胜利的微笑，人们也一一点头致敬。

这一切使敌人胆战心惊，迫不及待地放出几条大狼狗，扑向程用书的胸部、腹部、背部、腿部……在一阵狂吠和狼声中，英雄的躯体被撕裂，鲜血染红了大地。他吃力地睁开眼睛，用尽气力对乡亲们说："大家不要在强盗面前流泪，不要让敌人以为我们中国人是怕死的……”

听到这低沉、有力的声音，罪恶的子弹如雨点般射出。我们的英雄倒下了，静静地躺在血泊中。

程用书牺牲时年仅二十五岁。二十五岁，多么闪光的青春！程用书，用血书写的名字，含山人民永远不会忘记。

[本文选自《含山文史资料（第三辑）》]

甘肃籍抗日英雄高永祥

文 / 王丽君

高永祥，原名高仓贵，又名高吉祥，生于1912年3月，甘肃平凉灵台人。八岁上小学，因家贫中途辍学。十岁给缝衣匠当学徒，十四岁成为熟练的成衣匠。

高永祥

1929年，十七岁的高永祥被冯玉祥、孙连仲部抓去当兵。当时的中国，国民党新军阀混战的炮声不断，神州大地，战云蔽日，硝烟弥漫。高永祥随军参加了他人生中的第一场战斗——历时七个月的蒋冯阎大战（中原大战），蒋介石取得了战争的胜利，暂时统一了国民党各军事集团。中原大战后，冯玉祥西北军第二方面军第五路军投奔蒋介石，改编为第二十六路军，孙连仲任指挥官。

1931年春，蒋介石为加强对中央苏区和红军的“围剿”，调第二十六路军前往江西围攻红军。孙连仲奉命以“江西清乡督办”的头衔率部参加对中央苏区的“围剿”，但孙连仲部接连打败仗，损失惨重，部队交参谋长赵博生（中共地下党员）指挥。在孙连仲的部队中，有一部分军官在第一次国共合作时期对共产党有一定的好感，对参加“剿共”较为反感。当时，高永祥也亲眼看到红军纪律严明和苏区人民心连心，而国民党军队压迫人民，烧杀抢掠，对比之下，他的思想发生极大转变。12月14日，该部在参谋长赵博生、旅长董振堂、季振同等爱国将领的领导下，乘孙连仲不在防区之时，率领一万七千名官兵发起了著名的宁都起义，并开赴苏区参加了红军，编为红五军团。高永祥随部参加红军，不久后便加入中国共产党，在红五军团任排长、连长等职。随后，他又参加了第四、第五次反“围剿”斗争，先后任营长、团长。

1934 年 10 月，高永祥随红五军团参加长征。红五军团在长征中主要负责抗击敌军追兵、掩护红军主力北上。一路上，红五军团的指战员们竭力阻击数倍于己的追兵，不顾自己时刻面临与主力失去联系，甚至全军覆没的危险，多次击退并迟滞了国民党军队的行动，保证了红军主力和中央机关的安全，被红军称为“铁流后卫”。1936 年，高永祥被派往中国人民抗日军政大学学习。

1937 年，全面抗战开始后，高永祥奔赴抗日前线，与侵略者展开了不屈不挠的殊死战斗。8 月，侵驻华北的日军达三十余万人，毛泽东提出全民抗战、持久抗战的路线和方针，把数量有限的八路军主力部队集结于山西，以山地游击战为主，配合国民党军队从侧翼阻击敌人。

为形成全民族抗战的局面，中国共产党同山西省国民党当局就抗日民族统一战线达成协议。9 月 20 日，太原绥靖公署主任阎锡山批准成立了第二战区民族革命战争战地总动员委员会（简称“战动总会”），主要任务是在雁北战地发动、组织和武装群众，协调各个部队和抗日组织之间的关系，为抗日部队提供物资和兵源，组织武装力量配合主力部队开展游击战。战动总会组织了训练班，高永祥被分配到太原游击训练班当教官。11 月 8 日，日军进占太原，训练班停办。高永祥和时任太原县牺盟特派员的慕湘同志把部分学员转移到太原近郊的清徐县清源、徐沟一带，组成清太抗日游击队。这支六七百人的队伍被战动总会编为第一路纵队第二支队，高永祥任支队长。1938 年 4 月，第一路纵队改编为山西保安第二区游击第一支队，辖三个营，原高永祥所在支队改编为第二营，高永祥任二营营长。

1939 年 5 月，山西保安第二区游击第一支队改编为新军暂编第一师三十六团，高永祥被调到以五寨县为中心的晋西北抗击日军。进入夏秋季，阎锡山意欲消灭共产党领导下的山西新军（由青年抗敌决死队、工人武装自卫旅、暂编第一师、政治保卫旅及保安旅组成）。高永祥带领二营协同决死四纵队在岢岚阳坡寨向阎军步兵三团发起反攻，阎军忙从赤坚岭一线沿大川向临县撤退。高永祥又带领二连去清凉寺攻破了阎军未及时撤退的后方机关，俘敌数百名，缴获大批物资。这次反顽斗争胜利后，部队正式转为八路军序列，由晋绥军区二分区指挥。

1940 年 2 月下旬，晋西北反顽战斗刚刚结束，三十六团奉命由河曲回师岢岚暂时休整。23 日下午，五寨日军高桥大队六百多人，突然包围前往大巨会村的骑兵侦

察连，立即向村中发起猛攻。这时驻扎在附近各村的三十六团主力部队，发觉侦察连被敌包围，立即决定全团三个营从宿营地出发。于 24 日凌晨分别抢占大会村西、北、南三面高地，对敌形成包围态势，救援侦察连突围。拂晓前发起进攻，把敌人压缩在村内。敌人负隅顽抗，战斗到中午时分，并集中兵力从南、北方向多次突围，均被击退。其中高永祥率领二营作为主攻，击退敌人数次进攻。有一次敌人发动进攻，冲到二营阵地前沿，高永祥用扎好的一束手榴弹，投向敌群。敌人被炸得血肉横飞，战士们端起刺刀向敌群冲去。最终部队放开北面阵地，使其狼狈逃向五寨城。这次战斗共击毙击伤敌军一百五十余人、俘获六人，被称为晋西北抗战中有名的“大巨会战斗”。当年，高永祥由营长升任三十六团团长。

1941 年 6 月，高永祥率三十六团在五寨县东秀庄乡与后武王城村之间设下埋伏，当敌军进入埋伏圈时向其发起猛攻，激战四小时，毙敌一百多人，缴获战马八匹、步枪五十余支、弹药二十箱。在总结这两次反“扫荡”胜利的经验时，晋绥军区评价高永祥同志和他的三十六团是毛主席游击战战术的模范执行者，号召向高永祥和三十六团学习。

1941 年是晋西北根据地敌我斗争最残酷，也是生活最为困难的时期，特别是岢、五、神、保地区。秋季，高永祥带领三十六团全体官兵来到保德县桥头镇驻扎，一方面深入开展部队的政治思想教育，鼓励青年报名参军，不断充实部队；另一方面是贯彻执行毛泽东提出的“大搞生产运动”，解决部队吃饭问题。为响应党中央“精兵简政”的号召，1942 年 12 月暂编第一师三十六团、三十七团合编为晋绥军区二分区三十六团，高永祥任团长。

在 1943 年、1944 年，为了执行党中央“把敌人挤出去”的方针，主力部队除对敌作战外，还抽出更多的时间开展大生产运动和练兵运动，高永祥指挥本团及武工队、民兵组织，拔除了五寨县县城以外的十多个敌据点。至 1945 年 3 月，神池、五寨之敌只剩下两座县城和李家坪、义井两个据点。

4 月 25 日五寨县城解放，高永祥被任命为晋绥军区二分区副司令员。司令员许光达几次催他到任工作，他说“我和晋西北人民一起抗战多年，一定要等到晋西北全解放了，才回分区工作”。此时，敌军退缩至神池义井据点，于是他积极组织民兵担架队、支前队，加紧围攻义井据点，准备一举拿下神池县城。7 月 22 日，得到神池日军要赴义井据点接应敌守军并运送粮食的情报，他便召集紧急会议并亲自到神池与五寨之间的凤凰山、横山一带察看地形准备伏击敌人。24 日，高永祥令二营到横山一带埋伏，派一营作预备队，他的指挥所设在二营后面不远的山头上。不料，敌人从横山两侧迂回上来，使指挥所与二营失去联系。高永祥带领指挥所的干部战士与敌人展开了激烈的肉搏战，高永祥身负重伤，不幸牺牲，时年三十三岁。战士们怒目圆睁，像猛虎下山一般追杀逃窜的敌人为高团长报仇。这次战斗共击毙日军四十多名，其中敌大队长毙命。三十六团乘胜一举攻克义井据点，解放了神池县城。

高永祥牺牲后，三十六团为他举行了隆重的追悼大会，分区司令员许光达在会上高度评价了其一生。后来将其牺牲的地点横山村改名为“永祥村”，将横山改名“永祥山”。1945 年 12 月，中共五寨县委、五寨县人民政府在县城西关兴建烈士陵园，将高永祥同志遗体隆重安葬，并刻石树碑以志纪念。

中华人民共和国成立后，作为在华北大地上牺牲的三百余名团职以上革命烈士之一，高永祥的遗骸被民政部由五寨烈士陵园迁入河北省石家庄“中国人民解放军华北军区烈士陵园”。

高永祥烈士铸铜半身像

2013 年，高永祥的家乡灵台县星火乡王家庄村共筹资六十余万元，修建了占地约 2800 平方米的高永祥烈士主题广场。广场中心建成 1.5 米高的铸铜高永祥半身像一座，大理石基座、砖混纪念墙和喷砂浮雕图文并茂的诉说高永祥烈士的事迹。2015 年 4 月，高永祥烈士主题广场被共青团灵台县委命名为“青少年爱国主义教育基地”。

2015 年，忻州市委宣传部、平凉市委宣传部、五寨县委、五寨县政府和北京金鸟鸣影视文化有限公司联合摄制抗日题材电影《浴血晋西北——抗日英雄高永祥》。曾任山西省太原县牺盟会特派员的慕湘同志写的长篇小说《晋阳秋》，其中的主要人物高永强就是以高永祥为原型塑造的。

华北大地的抗日战争史上留下了高永祥不朽的赫赫英名，大西北的故土上永远闪耀着高永祥的精神气节。回顾高永祥短暂而光辉的一生，他不怕牺牲、顽强抗敌的英雄气概，忠于革命事业、矢志不渝的崇高品格将砥砺后人，永垂不朽！

（本文选自甘肃党史网，有删节）

黄骅：血洒热土留英名

文 / 李文亮

1937年，在从延安出发东渡黄河奔赴抗日前线前，二十六岁的黄金山改名为黄骅。“骅骝开道路，鹰隼出风尘”，这个由儿童团长一步步成长起来的年轻革命者，立志要在民族救亡图存的洪流中，做一匹“革命的骏马”。

黄　骅

从晋南大地到渤海之滨，黄骅一路辗转抗敌，直至1943年6月被叛徒杀害，血洒冀鲁边区。1945年，英雄牺牲地大赵村所在的新海县被命名为黄骅县（1989年撤县建市），以示纪念。从此，英雄的名字与他以鲜血和生命相搏的这片土地朝夕相伴，不再分离。

作为河北唯一现存的以抗日英烈名字命名的县市，英雄黄骅和渤海之滨的这座小城已融为一体。

这座城市也用一种特别的方式，铭记着这位抗日英烈当年在此的奋争与牺牲。

驱强虏，出生入死

抓起一把生的小鱼虾，直接放进嘴里——在2011年上映的电影《英雄黄骅》中，刚刚到任一一五师教导六旅副旅长、冀鲁边军区副司令员的黄骅，一边亲身示范一边告诫警卫员：“吃不惯这个就要饿肚子，饿肚子怎么打鬼子？要尽快适应这里的环境。”

“1941 年 7 月，三十岁的黄骅由山东鲁西军区调到冀鲁边区。初来乍到，别说警卫员，就连他这个‘老革命’也面临着许多新难题。”八十一岁的黄骅市退休干部王新华，从 1984 年就开始搜集整理黄骅的革命事迹，他说黄骅到任之时，正是冀鲁边区形势开始恶化之际。

冀鲁边区是抗战初期山东形成的六个战略区之一，包括当时山东北部和河北南部的共二十四个县。这里交通便利，历来为兵家必争之地。刘少奇曾用“南邻济南、北迫天津、西胁津浦铁路、东据渤海海岸”来形容冀鲁边区战略位置的重要性。正因为如此，敌人在这一区域疯狂地修公路、建炮楼、抓民夫、抢粮食，抗日根据地不断遭到蚕食。

斗争环境之险恶，黄骅在赴任路上就深有体会。“由于敌人阻隔，从鲁西到冀鲁边，他走了将近四个月，费尽周折。”王新华说，黄骅出发后先到达位于冀鲁边区东南部的清河区（山东北部另一抗日根据地），想从这里渡过敌人重兵把守的黄河。与冀鲁边区联系后，政委周贯五派一个团前去接应，可因敌人封锁严密，两次渡河未遂。后来周贯五干脆带着教导六旅特务营从山东惠民县东部渡过黄河，这才在清河区得以与黄骅见上了第一面。

“来冀鲁边之前，黄骅称得上久经沙场。从 1929 年在老家湖北阳新县参加红军并入党算起，井冈山头、长征路上、陕西延安、晋南大地，处处留下他的革命足迹。可一到冀鲁边，他首先面对的就是战斗地形的改变。”黄骅市本土作家、记述黄骅革命历程的长篇小说《血魂》的作者董猛讲述道。他说黄骅以前打仗擅长的是山地游击战，可冀鲁边区一马平川，这个新任的副司令员面临考验。

“结果他一出手，就打了个漂亮仗。”董猛将“旧城大捷”视作黄骅来到冀鲁边后运用游击战思维打响的第一场重要战斗。

旧城，位于今天黄骅市最南端，与海兴、孟村、盐山三县接壤，交通便利，通达四方。当年，日伪军就因其地理位置重要，在此建起据点，成为楔进我根据地的一根“钉子”，边区军民早想去之而后快。

1941 年 8 月 1 日，正逢旧城大集，拔除据点的战斗打响了。

“在黄骅的筹划下，我军悄悄包围了据点。六名战士化装成卖瓜的农民先混入里面，瞅准时机拿掉岗哨，切断里面的电话线，里应外合，一举将据点拿下。等敌人援兵赶到，我军早已安全撤离。”据王新华查证，这场战斗历时一个多小时，毙敌五人，俘敌三十五人，缴获枪支若干、小炮两门，史称“旧城大捷”。

“要利用青纱帐、交通沟、荆条丛当屏障，打好游击战。尤其是在敌强我弱的

情况下，要学会和敌人兜圈子。”王新华珍藏着一个发黄的小本，上面记录着1992年他在上海访问中共新海县委第一任书记叶尚志时的谈话内容，而这段话就是叶尚志上任前，黄骅专门找他谈自己对平原游击战的理解时说的话。

“说打仗，黄副司令用兵如神，我跟他在边区身经大小战役几十次，从来未吃过亏。”曾任冀鲁边区一地委代理书记刘青林在1992年向王新华说起黄骅时，就连连称赞老领导胆大、心细。

不过，局部小胜尚不足以改变当时敌我力量的悬殊对比。

“提起冀鲁边，恐怕在全世界的战史上也找不出这样一块地方和这样一页战史。”——1943年7月23日中共山东分局出版的《大众日报》第520期，发表了罗荣桓起草的文章《我们能坚持，我们也能胜利》，其中对1942年冀鲁边区局面之复杂作出了这样的论断：“全区真是公路如网，据点碉堡林立。冀鲁边至今没一块没有被改变的地形，所有土地均被分割为网格子形了。”

“一年来，曾经和敌人进行过四百次以上的战斗，几乎每次都要与敌人进行肉搏，而且在战斗完结之后，又必须立即转移，否则即可能遭遇第二次。所以部队经常在转移中，没有一个村能驻扎过两天的，晚上去，第二天晚上必须走。有时，被迫白天也得一面战斗，一面走。”罗荣桓在文中，对冀鲁边区部队的战斗生活如此描述。

“这就是当时黄骅他们战斗生活的真实写照。”王新华说，为提防敌人偷袭，黄骅带领游击队几乎天天“衣不解怀、鞋不解带”，甚至一个晚上就要换几个地方睡觉，战士们管这叫“白天开展游击战斗，晚上开展游击睡觉”。

空遗恨，突遭毒手

“每次来这里，都有一种说不出的酸楚。”站在大赵村惨案纪念馆前，望着矗立着的黄骅烈士纪念碑，黄骅的女儿黄鲁滨感叹道。从小失去父亲的痛苦，黄鲁滨自己最清楚。“1943年我就来过这里，只是那时候自己还在襁褓中，没有留下半点记忆。”

1943年6月30日，刚刚满月的黄鲁滨躲在母亲顾兰青的怀里，就在纪念馆现在所在的地方，看了父亲最后一眼。

1943年的这一天，黄骅在大赵村组织召开冀鲁边军区侦察通信工作会议，会议的时间、地点、内容是十几天前在冀鲁边区党委会议上定下的。“6月中旬，眼看‘青纱帐’就要起来，开展平原游击战的好时机即将来临，冀鲁边区党委刚在新海县一个叫望子岛的海岛上召开了会议，讨论如何发起夏季战役。”七十四岁的大赵村村民孙津生，是惨案纪念馆的义务讲解员，耳朵有点背，可说起黄骅来滔滔不绝。

望子岛是一个椭圆形的小海岛，教导六旅旅长、军区司令员邢仁甫自1942年4月从山东分局党校学习回来后，大部分时间就住在这个岛上。

“此时的邢仁甫心里有些不痛快。在年初召开的边区党委成员生活会上，因搞宗派主义等问题，他受到了包括黄骅在内的党委成员们的严肃批评。上面还安排他去延安学习，他认为这是让他让位。”据董猛分析，除有“不平之气”，这一时期邢仁甫一个重要的思想变化，是由于信念不牢，对战争前景感到悲观，意志消沉，这为接下来发生的事情埋下了危险的伏笔。

“从保密和安全的角度说，大赵村会议选择的地点无懈可击，虽然周围韩村、羊二庄、贾象等地都有敌人的据点，可与大赵村相邻的中赵、南赵、曹庄子等村，都是我方巩固的根据地；会场设在堡垒户孙海池和杨淑清老两口家，老人的大儿子孙炳炎曾任宁津县抗日救国军县大队队长，后不幸牺牲，杨淑清是村里的妇女抗日救国会主任，一家人政治上绝对可靠。”孙津生两手一摊说，可谁也没想到，这次的敌人竟来自内部。

6月30日，淅淅沥沥的小雨下了一天。上午的会议紧张有序，下午的会议接近尾声时风云突变。

“土匪出身、后被我方收编的冀鲁边军区手枪队队长冯冠奎，以汇报工作为名带人连续骗过布设在村外的岗哨和会场外的警卫，突然闯入会场，连开数枪，将围坐在八仙桌前、毫无防备的黄骅以及军区参谋主任陆成道、军区司令部作战股副股长崔光华等五人杀害。池田、齐耀庭等四人身受重伤，闻讯赶来的三名警卫员也当场中枪牺牲。行凶后，冯冠奎趁乱逃出大赵村。”孙津生的话语间带着激愤。

惨案发生后，驻守在距大赵村十余里的邢家王文村的军区领导机关，迅速派人赶往处置。为防敌人趁乱来袭，黄骅等人的遗体当天夜里就被就近秘密安葬。

意外响起的枪声，让黄鲁滨失去了亲人，也让冀鲁边区失去了一位重要的领导者。

“冀鲁边区是对敌斗争环境最艰苦的地区之一，在黄骅的领导下，边区的被动局面趋于好转。”董猛认为，虽然黄骅在冀鲁边区的时间总共不过两年，可工作卓有成效：部队在两个团的基础上，扩编了一个团，利用缴获的战利品还装备了一个直属连，因为战士人人头戴钢盔，被称为“铁帽子连”；组织打通了冀鲁边区与清河区的联系，使得两个根据地之间海上有通道、陆上能联系；各县普遍建立地方武装，仅新海县大队就从十几个人发展到上百人。

大赵村惨案发生后不久，惨案的幕后主使邢仁甫很快也露出了马脚。眼见事情败露，他先是投靠了国民党军，后又于1944年2月投降了驻济南的日军，当了汉奸。1945年日本投降后，邢仁甫摇身一变，加入了国民党天津军统组织。1949年1月16日，天津解放的第二天，即被我军抓获。1950年，经审讯，邢仁甫对刺杀黄骅同志及叛党叛国的行为供认不讳。1952年，邢仁甫在盐山被执行死刑，这个抗战期间八路军队伍中级别最高的叛变者终于走到了尽头。

1952年12月，中共山东省委和山东省人民政府将黄骅烈士的遗体迁至济南英雄山烈士陵园重新安葬。在英雄山烈士陵园黄骅烈士墓前，暗红色的大理石墓碑上，镌刻着“国民革命军第八路军冀鲁边军区副司令员黄骅烈士之墓——1952年12月10日立”的字样，墓碑左上角镶嵌着他的遗像，照片中的他一身戎装，面带微笑。

身虽去，精神永在

作为八路军一一五师抗战期间牺牲的最高级别干部，1943年8月，为弘扬黄骅的英雄事迹和革命精神，新海县更名为黄骅县（1989年撤县建市）。在这个英雄曾经战斗过的地方，“黄骅”作为一个符号，从此无处不在。

聂荣臻题写的纪念碑碑文

坐落于黄骅闹市区的黄骅博物馆，是这座沿海城市的精神根脉所在。在由一片仿古建筑合围而成的院落中央，矗立着黄骅烈士的塑像，塑像魁伟，瞩目远方。

“这个塑像的神态最符合我想象中父亲的样子。”在黄鲁滨的脑海里，父亲是一个英雄，应该就是一副高高大大的样子。“据父亲的老战友回忆，他黄黑脸庞，很瘦，但精干老练，精神旺盛，动作利落，浓重的湖北口音，讲话慢沉沉，但很有力。”

英雄留下的不仅仅是名字，更有不灭的精神。

2007年，黄骅市筹集资金一百四十万元整修大赵村惨案发生地的房屋，建起了纪念馆。

“建这个纪念馆就是为了把黄骅的革命精神一代代传下去。现在日子好了，更不能忘记黄骅烈士当年付出的鲜血和生命。”为修建纪念馆，孙津生东奔西跑没少忙活，纪念馆开馆后他又负责起日常管理和讲解。

纪念馆里每一件展品、每一幅图片，都像是装在孙津生的脑子里。“他和战士吃在一起，睡在一起，吃一锅的饭，穿一样的衣。要说和战士不同的地方，就是他用红辣椒蘸盐水吃饭，用短杆旱烟袋抽烟。”在一块反映黄骅艰苦朴素作风的展板前，孙津生说，有一次黄骅在狼坨子养病，吃的就是煮黄豆、煮玉米，“要是能吃上个玉米面窝头和韭菜炒咸菜，那就算是加餐了”。

黄骅生活艰苦朴素，这在冀鲁边革命纪念馆的展览中同样得到体现。“因为他体质较弱，司令部准备给他安排点‘保健饭’‘保健菜’，可黄骅坚持不要这份特殊照顾。他说在井冈山上、长征路上，那么多困苦都挺过来了，靠的可不是什么‘保健饭’‘保健菜’，要说需要经常保健的，应该是我们的信仰、我们的意志。”讲解员杨婷说，黄骅坚决不吃的所谓“保健饭”“保健菜”，其实不过就是一点炒黑豆。

“人们一直没有忘记他。”黄鲁滨说，她打心眼里替父亲感到欣慰。

（本文选自《河北日报》，有删节）

黄昌炜：烈士壮志薄云天

文 / 孙乐明

他参与创办《琼崖新青年》，撰文抨击反动势力；他受组织派遣，远赴新加坡传播革命思想；他曾担任中共琼崖特委委员职务，负责琼崖东路的领导工作。

“他牺牲的时候只有二十九岁，太年轻了，也太可惜了。”在黄昌炜的故居——琼海市潭门镇汪洋村，说起黄昌炜的故事，村民黄心怀这样感慨。

黄昌炜

在那壮怀激烈、热情高涨的年代，作为琼崖早期著名的革命活动家，充满理想的黄昌炜，的确是走得太早了。

虽然英年早逝，虽然党史资料中可以查证的材料只有寥寥几个段落，但在他的家乡汪洋村，还是能找到些许散落的历史碎片。

年少志大

据琼海市委党史研究室原主任陈锦爱介绍，黄昌炜的父亲在外面开有一间中药铺，家境还算宽裕。他从小就受到良好教育，特别是国语课非常突出，喜欢吟诗作对。

1917 年秋，黄昌炜考入琼崖东路中学（今嘉积中学），开始接触进步思想，产生革命热情。五四运动期间，他在学校非常活跃，上街演说，组织游行示威，与王业喜和莫同荣并称“三剑客”。他们发动了新富南等两家店铺抵制日货，把日货烧掉。后来在学校当教员时，用白话文教学。

1922年，黄昌炜考进上海大学社会系，与琼崖旅沪同学一道组织琼崖新青年社，创办《琼崖新青年》刊物，开展革命宣传活动。1924年夏，加入中国共产党。1925年2月至5月，在《新琼崖评论》杂志上发表《祝新琼崖评论一周年纪念》《反对邓本殷借款敬告全国同胞》等文章，抨击反动统治势力。1925年春，黄昌炜在广州参加“琼崖革命同志大同盟会”。

可以说，家境殷实的黄昌炜，能够在年轻时就投身革命运动，与他活跃的思想、奔放的激情和改造社会的远大志向，是分不开的。

南洋播火

孙中山曾说“华侨是革命之母”。1925年夏，中共广东区委决定派一批党团骨干，到南洋一带开展工作，黄昌炜就是被派到新加坡的革命者之一。

黄昌炜的妹夫冯振藩，也是早期的革命人士。1984年，他在生命的最后一段时间，动笔写了数万字的回忆录，其中很大一部分内容，就是关于黄昌炜当时在南洋发展工人运动的片段。

当时冯振藩在新加坡一边打工，一边上夜校学习。他写道：“我在学习国语中走上政治道路，1925年4月，黄昌炜南来，代替陈起贤进行建党工作。在黄同志领导下，许多人被分派到马来亚城市、山区胶林、矿区，全面开展建立夜校、提高工人文化水平、暗中组织工会工作，进行阶级教育。”

冯振藩回忆道，黄昌炜深入产业工人的生活，了解他们的疾苦，走遍了新加坡所有的工厂区、商业区、沿海渔业区和市郊华人居住区，意识到工人阶级没有文化的痛苦，决定开办夜校。两个月间，就建立夜校几十间，利用夜校阵地，教工人写白话书信，写文章，办墙报、黑板报，星期天举行文艺晚会，教大家学唱歌、跳舞、演讲。黄昌炜还给工人作时事报告，鼓励工人团结起来，为推翻剥削和压迫而斗争。

黄昌炜曾以“工人要解放自己，团结就是力量”为主题，进行了演讲，给工人们留下深刻印象。他说：“世界上一切财富都是劳动人民创造的，可是现在种田的人没有饭吃，织布的人没有衣穿，造车的人没有车坐，建房的人没有屋住。所以我们必须团结起来，建立合理的没有压迫、没有剥削的社会，推翻地主，打倒资本家。”“我们要革命，民族要解放，国家要富强，就要推翻封建军阀，打倒帝国主义。”

他最后说：“要解放自己，就要斗争；要斗争，就要团结。团结就是力量。工友

们，团结起来，建筑我们的堡垒——工会！”他的演讲通俗易懂，慷慨激昂，字字句句都打动了工人的心弦。从此，参加夜校和加入工会的人日益增加，很快发展到一万多人。到了年底，党员发展到三百多人，工会会员发展到十万多人。

1925 年，五卅惨案发生后，黄昌炜主持成立“南洋公团联合会”，散发革命传单，声援广州革命斗争。

1926 年 3 月间，黄昌炜被混进公团联合会的流氓骗入茶馆，引来两名暗警将他拘捕，被拘留了三个星期。因搜查后没有证据，加上民间人士担保，最后英国殖民政府以“皇家不喜欢此人”为名，将他驱逐回国。

如今，冯振藩的手抄本，保存在琼海市委党史研究室，是十分珍贵的党史资料。

壮志未酬

黄昌炜从新加坡回国后，先在广州协助杨善集从事革命活动，并被中共广东区委任命为共青团广东区委秘书长。后来抵琼筹建琼崖地方党组织，出席中共琼崖第一次代表大会，当选为地委委员，并被任命为组织部副部长和琼崖中路巡视员。

1926 年 7 月，共青团琼崖地委成立，他当选为书记。在乐会革命根据地反“围剿”斗争中，党组织向农村撤退和转移，其中一部分工作人员就住在他家。1927 年，中共琼东县委的成立大会也是在他家召开的。

1927 年 9 月 23 日，中共琼崖特委书记杨善集在椰子寨战斗中牺牲后，特委立即召开紧急会议，大家一致推选黄昌炜负责特委在琼崖东路的领导工作。

椰子寨战斗后不久，乐会、万宁的部队返回乐会四区。为扩大红色区域，黄昌炜亲自率领乐会、万宁部队，向万宁地区南征。但在公庙田战斗中，黄昌炜不幸受伤，倒在河中溺水牺牲。

可惜一代革命活动家，壮志未酬就英年早逝，给后人留下无尽的惋惜和嗟叹。

（本文选自人民网）

雨花台著名女烈士黄励狱中斗争记

文 / 闻慧斌

1933年，有位湖南籍著名女烈士黄励在南京宪兵司令部看守所的墙上，留下“雨花台，雨花台，红骨都在那里埋”的遗言后，从容地走向雨花台刑场。她被枪决的直接原因是她在狱中仍坚持斗争，将宪兵司令部的看守班长张良诚策反过来，成为传递情报和信息的“红色信使”。两人虽然都壮烈牺牲了，但让更多人看清了敌人的丑恶嘴脸，而走上革命的道路。

黄 励

放弃莫斯科的优越生活，毅然回国参加革命

黄励，湖南益阳人，1905年生，幼年丧父，靠母亲和姐姐做鞭炮、替别人洗衣服为生。后来，在舅父的资助下，考取了中华大学。1925年加入中国共产党，同年受党组织派遣到莫斯科中山大学学习。在去莫斯科的途中，她结识了河南同学杨放之。当时他们是从上海坐船到海参崴，然后取道去莫斯科的。船上有湖北、江苏、河南等省的学生，因船颠簸得厉害，有个河南籍的同学病倒了，黄励就忙前忙后地照顾病人，帮着倒水、喂药等。杨放之因为与病人是河南老乡，出于桑梓之情，也帮着照料病人。看黄励与病人非亲非故，能如此热情地照顾病人，杨放之对她很有好感。后来，他们又聊了很多，黄励的热情、对革命必胜的信心都深深地感染了杨放之。在莫斯科中山大学求学时，王

明宗派集团到处拉拢同学，制造“江浙同学会”“工人反对派”等冤案，处处打击有实际工作经验的老党员。黄励、杨放之等有正义感的同学很反感，与之进行了针锋相对的斗争，他们遭到了王明宗派集团的残酷打击。但两人的感情却在实际斗争中越来越深，志同道合的他们终于走到了一起，在莫斯科结了婚。

1928 年，黄励随瞿秋白到德国柏林出席世界反帝大同盟会议。1929 年，邓中夏为保护黄励夫妇，带他们到海参崴参加第二次太平洋地区职工代表会议，会后黄励就留在书记处工作，主编《太平洋工人》杂志。在莫斯科时，黄励曾怀有身孕，但考虑到孩子出生后会拖累革命事业，黄励就决定把孩子打掉。杨放之虽然心有不忍，但还是尊重黄励的选择，陪黄励去医院打掉了孩子。一次，黄励与杨放之在黑海边度假，看到列宁缔造的苏联欣欣向荣，人民安居乐业，一派欢乐祥和，黄励动情地说：“什么时候，我们的国家也能像苏联这样就好了。放之，现在国内正需要懂革命理论的人才，我们回去参加实际斗争吧。”就这样，两人放弃了在苏联的优越生活，冒着随时牺牲的危险，毅然决然地回到国内，参加革命斗争。

没来得及到苏区工作，女省委组织部部长就不幸被捕

1931 年秋，黄励回国后，任中国革命互济总会主任兼党团书记。1931 年中共六届四中全会后，王明推行“左”倾路线。在上海的中共中央机关和江苏省委机关不断遭到破坏。在上海做地下工作的杨放之也不幸被捕。1932 年秋天，党组织调黄励任中共江苏省委组织部部长，其时她的处境已非常危险，因为她此前的职务是互济总会主任兼党团书记，其主要任务就是援救革命者、救济死难烈士和被捕者的家属。由于四处奔波，经常抛头露面，所以很多人都认识她，国民党也开始注意她的行踪。为了黄励的安全，党中央决定派她去苏区工作。令人遗憾的是，她还没来得及成行，就被叛徒出卖了。1933 年 4 月 25 日上午 11 时，在上海西爱斯路住处，叛徒周光亚带着军警和法国巡捕逮捕了她。敌人搜遍了她的房间，在房内只搜出“大洋一元，小洋六角，手帕一条，钢笔一支，眼镜一副”。

法庭变成了战场，怒斥叛徒周光亚

法租界巡捕房当天就将黄励移交给江苏省高等法院第三分院，法院第二天就开庭审理。

在法庭上，黄励化名“张秀兰”，同审判官进行了一场针锋相对的斗争，把审判官对她的审讯，变成了她对国民党罪行的揭露和批判。审判官指责她只承认自己是“张秀兰”是在“欺骗”时，她无情地揭露：“你们国民党哪一天不在欺骗民众？！同日本签订《淞沪停战协定》，又不敢公布，这不是欺骗？上海是中国人的地方，却要外国巡捕来抓中国人，这岂止是欺骗，简直是卖国！”

由于敌人手里没有证据，法官只得让叛徒周光亚出庭作证。周光亚与黄励同为党派遣到莫斯科中山大学的学生，1931 年回到上海，黄励任中共江苏省委组织部部长时，他任黄励的秘书。周光亚被捕后禁不住敌人的威逼利诱，很快成了可耻的叛徒，在国民党上海市警察局特务股说服组做事，专门劝降共产党人。黄励看到周光亚后，怒不可遏，伸手要打叛徒耳光，被法警匆匆拦住。黄励仍不解气，又向叛徒脸上吐唾沫，厉声骂道：“你这个无耻叛徒，还有脸来见我！赶紧滚开，不要站在我的面前，污辱了我的眼睛。”法官狡黠地问：“这么说，你承认你是黄励，承认你是共产党了？”黄励豪迈地回答道：“我就是共产党员黄励，江苏省委组织部部长。共产党的事我做了很多，就是不告诉你们！”法官假惺惺地说：“你承认是黄励，那很好。只要你说一声从此不干共产党，保证给你高官厚禄。”她威严地斥责法官：“我是共产党员，要永远干共产党，什么高官厚禄，见鬼去吧！”法官说不过黄励，只得匆匆退庭。

审讯无法再进行下去，审判官慌忙念了一纸判决书：“根据本法庭审理结果，被告张秀兰原名黄励，系中共江苏省委组织部部长，有廖平凡（即周光亚）等人供认。依据《危害民国紧急治罪法》第七条，本庭决定被告张秀兰，将交由上海市警察局移提归案讯办。”随后，黄励被戴上手铐，在第二天深夜被押上从上海去南京的火车，第三天被转送到南京宪兵司令部看守所。

狱中争分夺秒为党工作，把看守班长策反为“红色信使”

在看守所，黄励争分夺秒为革命工作。她给难友们讲革命故事，教大家唱《国际歌》，还把苏联的海员歌译成中文来唱，鼓舞大家的斗志。她还与陈赓、罗登贤、夏之栩等人一道，将敌人营垒中的人分化出来，参加革命。

看守所有个所丁，叫张良诚，安徽人，从小失去父母，青年时流浪南京，被国民党抓去当兵，因办事伶俐，被送到南京宪兵司令部警务处第六科当勤务兵。警务处处长看他办事勤快，人又老实，很是喜欢，将他补为看守所的所丁，当时犯人称看守为班长，故狱中同志都叫他张班长。他为人正直，对叛变投敌的人十分鄙视和憎恨，对于政治坚定的同志则很尊重。当时狱中的犯人把张良诚的态度形容成一支政治测量表，从他相待的表情中就可以判定这个人的政治表现如何。陈赓对蒋介石威逼利诱的鄙视态度、罗登贤痛打叛徒余飞的英勇气概、黄励怒斥叛徒周光亚的英雄壮举，让张良诚佩服得五体投地。陈赓、罗登贤、黄励、夏之栩等政治犯成了张良诚最敬重的人。于是黄励等人就找机会与张良诚不断接触，对他进行政治宣传，

将他争取过来为党工作。

开始时敌人想动摇黄励的革命意志，将她安排进“优待室”：一个人住一间房子，而且不上锁，让她随意出入，还可以看报纸。黄励利用这一点点“自由”，经常找张良诚聊天。有次黄励问起了他的身世，张良诚说自己是安徽人，生于1911年，从小就失去父母，很早就到南京来谋生。黄励眼圈一红，想到自己同样苦难的童年，从小就失去父亲，自幼靠母亲和姐姐做鞭炮、替别人洗衣服为生。所幸的是，自己在舅父的资助下有书读，并考取了武昌的中华大学。于是她对张良诚说：“你年轻，又诚实，很好。当一名所丁，这样下去很可惜。年轻人要有志气，找出路。”说到这儿，她故意顿了顿。张良诚忙问：“黄姐，我怎么去找出路呢？”

“你在司令部是没法找到出路的。”

“要向哪一方面找出路呢？”张良诚又问。

“共产党是不讲究资格的，你想找出路，只有走这条路。”说完，黄励目光深邃地看着张良诚。张良诚会意地点点头，从此他更加同情革命，愿意为革命工作。

此后，张良诚经常暗中给政治犯送消息、传递条子、送信件，甚至把某些人叛变的行为告诉黄励。当时看守所里有位叫黄海明的难友有一个一岁多的女儿叫曼曼，黄励经常抱着孩子玩、唱歌给孩子听，还借这小孩传递消息。黄励等事先将写好的条子装在孩子的口袋或尿布里，对张良诚说，送“男号”某某人，就由张良诚抱着孩子到“男号”巡逻，“男号”内即有人隔着铁窗抱孩子，挑逗孩子玩，顺便就从小孩身上摸走条子。“男号”要回话时，也写好条子放在小孩衣服内，然后叫张良诚送还给黄励等人。

为了让党组织及时了解狱中情况，黄励连续用了几个晚上，瞒着敌人写了一封长信，详细地把狱中叛徒的情况，向狱外党组织做了汇报。当她把这封信交给张良诚，要他送出狱外时，她紧紧地握住张良诚的手：“事关重大，你……”张良诚从黄励的眼神中已明白这信的意义非同小可，他毫不犹豫地说：“黄姐，你放心，‘赴汤蹈火，在所不惜’。你说过的话，也就是我现在要说的。”张良诚很快地走了，并很好地完成了黄励交给的任务。然而，他终究没能逃脱敌人的魔掌。

一天，张良诚在夫子庙见到刚出狱的陈赓（因党组织营救出狱，而宪兵司令部看守所内的难友们一时不明真相，纷纷谣传陈赓同志已经投敌，在外面要和人结婚了）。陈赓一方面挂念狱中的难友，另一方面也为了打消同志们的疑虑，让大家继续坚持斗争，就写了一张条子、拿了五块钱托张良诚带给黄励，条子上写道：“我是不会叛变的，你们在狱中安心斗争。”

当张良诚由洞门口将这张条子给黄励时，被黄励同室的女犯胡小妹看见了。胡小妹的丈夫是叛徒，她本人临近分娩，想保释出去生孩子，就将此事报告给看守长姚慕儒（犯人都称他“姚姚”）。开始姚慕儒害怕自己被卷进去，不想关押张良诚，胡小妹就闹，说要向上报去。姚慕儒心慌了，就准备逮捕张良诚。6月中旬的一天，犯人们正在看守所内放风，看到张良诚提着自己的一只旧箱子和一些零碎的东西，对看守们说：“你们查吧。”监狱的犯人都惊呆了。不久，军法处将黄励叫去。回来后大家才知道，是因为胡小妹告密，敌人把胡小妹释放了，而张良诚则被捕了。在放风时，张良诚曾对犯人讲，事情发生后他本可以逃走，但他不愿意牵累别人，他不怕坐牢，这一个罪死不了，至多关个三五年，坐几年牢反倒可以好好地学习，自己还年轻，正需要学习。

策反案让宪兵司令谷正伦恼羞成怒，也让更多的人走向革命阵营

张良诚案由江苏省高等法院第三分院的李华龙法官审理。李华龙开始拟定的刑期是六个月，但军法处主任贺伟峰怕判得太轻，宪兵司令谷正伦不答应，就将判决书发下来让李华龙重拟，李华龙乃根据法条的最高刑拟定为一年又六个月。贺伟峰还是担心拟得太轻谷司令不会答应，最后李华龙拟定为五年。贺伟峰认为这下差不多了，就亲自将处理结果送给谷正伦过目，以为可以说明情况，通过批准。结果谷正伦大发雷霆，认为他的司令部里竟然出了为共产党办事的人，这还了得，为了杀一儆百，遂将张良诚改判“枪决”。虽然贺伟峰再三说情（因张良诚平时表现较好，故肯去说情），仍未能获得准许。谷正伦也意识到张良诚罪不当死，故口头答应“张良诚被处决后送一口棺木作为对他的抚恤”。

张良诚案使敌人惊恐万分。大批革命者没有“转变”和投降，而反革命营垒中的一些人却转变到革命方面来，与共产党人站在一起。他们对黄励又恨又怕，感到若不除掉黄励，劝降他人的工作就难以奏效。为此，国民党中央党部批示迅速处决黄励。同号子的难友为黄励准备了一套就义时穿的干净衣服；黄励也知道自己牺牲的日子不远了，但她依然谈笑自若。当难友们问到她的情况时，她拍拍后脑勺微笑着说：“快了，快了，快到雨花台了！”放风时，她总是抱着曼曼，在小院里边走边唱，乐观而又自豪。就在就义前几天，她还将一张条子交给一位难友，托他转给陈赓，告诉他狱中最新的消息。

1933年7月5日清晨，狱卒传呼黄励的叫声，惊醒了狱中许多难友，他们知道黄励剩下的时间不多了，就帮她换上干净的衣服，理好她蓬乱的头发。黄励深情地看了难友们一眼，叮嘱她们：“我们最后一定会胜利的！不要为我难过，保重身体，

将来为党工作。”黄励想到丈夫还在监狱服刑，便从头发上扯下一把头发，用小毛巾包着，对难友说：“我的丈夫现在也在狱中，如果有幸能活着出来，请你们把这包东西给他，我今生不能再与他并肩作战了，但愿我的一缕青丝可以陪伴他一生。”

当她步出牢房时，难友们都痛哭流涕，有人还高呼“黄大姐”。黄励边走边高声说：“我去了，同志们不要哭，要坚持革命到底！”在敌人押着她走向囚车时，她对押送的宪兵做了最后一次宣传：“你们都是穷苦人，国民党杀害共产党人，就是不让中国的穷苦人翻身。你们杀了很多共产党、革命者，能杀得完吗？越杀革命者越多，你们应该好好想一想。”

1933 年 7 月 26 日，黄励牺牲后二十天，张良诚也在南京宪兵司令部遭秘密杀害。可是当敌人秘密处决张良诚时，他像共产党人一样高呼口号“打倒蒋介石”“打倒谷正伦”，口号声震动了整个宪兵司令部看守所，也震惊了谷正伦，他恼羞成怒，又急又气，但张良诚人已经死了，无从加刑，谷正伦便命令撤销给张的抚恤金来泄愤。

张良诚的壮烈牺牲震动了监狱内外，有一名看守也曾帮助过犯人递条子，担心自己受牵连，便逃离看守所，潜伏起来。同时，看守该所的一营驻军，敌人怕其叛变，亦将他们调往汤山驻扎。

姚慕儒所长的文书金国南，既是张良诚的同乡，又是他的好友，得知张的死讯后，随即向姚提出辞职，要求去上学，当即被批准。他为了通知当时关押在南京模范监狱的夏之栩、帅孟奇、宋涟、肖明等人有关张班长牺牲的消息，曾以夏之栩弟弟的名义（化名夏超）去模范监狱探监，使他们得知了此噩耗。金国南后来考进一所学校，1937 年被关进了南京反省院，抗日战争全面爆发后，经“南京八路军办事处”保释出狱，随即去延安抗日军政大学学习，参加八路军，走上了革命的道路。他重新寻找出路，正是受了黄励和张良诚的精神鼓舞。

（本文选自《世纪风采》）

爆破英雄侯登山舍身炸敌堡

文 / 阎化川　王红军

在开国将军杨国夫等几位渤海老兵的记忆里，1943 年 5 月的三里庄战斗，清河军区战友侯登山“舍身炸敌堡”的壮烈一幕，一直让他们难以忘怀。侯登山，有可能成为中共党史和军史上第一位“舍身炸敌堡”的爆破英雄。

中共清河地委（后为渤海区）旧址

爆破队长主动“请缨”

1943 年 5 月 28 日至 29 日，在清河军区直属团攻打敌据点三里庄的战斗中，承担主攻任务的二营伤亡惨重。此役取得胜利的关键是二营五连最后的两包炸药在 29 日凌晨成功地将据点圩墙炸开了一个缺口，部队由此冲进了三里庄。这个缺口，就是侯登山炸开的。

据一些资料记载，侯登山是博兴县人，1919 年出生，1940 年参加八路军。入伍一年后，他就当上了班长，被选送到军区爆破训练队接受培训。由于学习用功、训练刻苦，侯登山很快就掌握了爆破技术，成为一名合格的爆破手。在结业后的几次战斗中，侯登山以敏捷的动作和熟练的技术实施爆破，摧毁了敌人多个火力点，从此担任了团爆破队队长。

1943 年 5 月下旬，清河军区在“反敌蚕食、保卫麦收”的斗争中，首先发起了攻打敌人三里庄据点的战斗。三里庄位于垦利、广饶、博兴、蒲台等四县交界处，是进出垦区根据地的咽喉要地，也是靠近根据地最近、威胁最大的敌人据点。

早在1941年，与日军暗中勾结的当地土顽司令成建基，赶走了三里庄百姓，在这里聚集了八百多人的队伍，筑工事、修据点。在三里庄周围，成建基部挖了两道深五米、宽三米的壕沟，架设了两道铁丝网，后又修建了高六米、宽三米的双层围墙，并在围墙上修建了走廊形双层夹道，围墙四周各修有炮楼，形成交叉火力。成建基不仅到处吹嘘三里庄是铜墙铁壁，而且跟日军串通一气，经常袭扰抗日根据地，杀害抗日军民。

此前，八路军驻鲁北部队曾三次攻打三里庄据点，均未得手。1943年的这次战斗，集中了清河军区直属团及特务营一部担任主攻，地方武装和民兵配合打援，兵力占有绝对优势。此外，部队还专门进行了爆破、登城、巷战等战术技术训练，做了充分的战前准备。

这次战斗，突破口选在了三里庄东侧，由直属团二营担任主攻。直属团一营以史家口为依托，从三里庄南边攻击；直属团三营在三里庄西边和北边展开，随时准备歼灭突围之敌，阻击西边许家据点日军的增援。根据该据点工事坚固的特点，直属团决定加强爆破力量。

“首长，这次攻打成建基这条地头蛇的老窝，任务非同寻常，让我跟随突击队行动吧！”爆破队长侯登山向团长郑大林主动请缨。就这样，侯登山来到担任突击任务的二营五连，与连队爆破组的同志们一起，展开了紧张的准备工作。

侯登山“舍身炸敌堡”

5月28日晚，三里庄战斗打响，直属团从四面向敌人据点发动进攻。霎时，三里庄枪炮轰鸣，火光冲天。老奸巨猾的成建基，一时辨不清直属团的主攻方向，便下令把预先缠在铁丝网上蘸有煤油的棉絮从四面墙上点亮，组织火力，拼命还击。

对于这次战斗的过程，开国中将杨国夫在其所著《战斗在清河平原》中有详细记述：

5月28日（农历四月二十六）黄昏，我军从三里庄以东以南的几个村子里迅速开进，突然包围了三里庄。当晚九点钟，发起攻击，二营五连在连长王子玉率领下，首先砍断了敌人的铁丝网，打开通路。副连长徐纪温带领爆破组奋勇冲了上去……也英勇牺牲了。这时候已是29日凌晨3点钟，我和刘其人副政委决定，如天亮前攻不开三里庄，必须暂时撤出战斗。这时，主攻连仅有两包炸药了……在这关键时刻，爆破队长侯登山同志抱起一包炸药，勇敢地冲上去了。

在我军的猛烈火力掩护下，侯登山同志接近了三里庄东边一段单层围墙。他原想在围墙上打洞，放在墙洞里爆破，但围墙土质太硬，扒了一阵，还是放不下炸药包。时间一秒一秒地过去了，前沿战士们心如火燎，侯登山同志更是心如火燎……为了赶在天亮前炸开三里庄围墙，他毫不犹豫地用自己的胸膛把炸药包紧压在围墙上，毅然拉着了导火索。

“轰隆”一声巨响，三里庄围墙炸开了，我们的爆破英雄侯登山同志光荣牺牲了！在清河平原的抗战史册上，永远留下了他的英名。后续部队踏着战友们的血迹发起了更大规模的攻击。敌人胆怯了，退缩了，三里庄据点内的伪“武定道剿共军独立旅第二团”大部被歼，成建基带领残兵败将狼狈逃窜。我军顺利冲进了三里庄……

我军战士架起长梯攻城

在这里，杨国夫用了一千多余字的篇幅，沉痛追忆了勇炸敌堡而牺牲的爆破英雄侯登山。即便时隔数十载，他回忆往昔，仍不胜唏嘘，尤其为战友侯登山奋不顾身、舍生忘死的牺牲精神所感动：“只有身临其境的人，才会彻底理解‘浴血奋战’的真正含义。”

（本文选自《大众日报》，有删节）

抗日英烈韩增丰：重伤后给日军最后一击

文/肖　阳

韩增丰，字光宇，1916年出生于河北平山观音堂乡湾子村。这是一个距县城一百多公里、被大山包围的小山村，居民大部分是外地逃荒来的贫困百姓，没有文化，靠刨山坡荒地为生。韩增丰的祖辈来到这里较早，家庭生活相对富裕。父亲韩永年是一个性情豁达的开明人士，出资建立了一所小学，使韩增丰等同龄人能够像山外的孩子一样学习知识。学校教员虽然只有一个，但却是一位思想进步又有知识的共产党员。

韩增丰受家庭熏陶和老师教育，很早就萌生了强烈的爱国意识，具有共产主义思想基础，并练就了一身武功。十五岁，他考入正定县河北省立第七中学。九一八事变后，出于爱国激情，他在同学中创立了由共产党领导的进步组织“苦干社”，创办了宣传抗日主张的《晓报》，并与天津《益世报》取得联系，以立夫、咨登等笔名发表宣传抗日的文章，大胆揭露国民党的不抵抗政策。同时，他还加紧锻炼身体，做好参军抗日准备。据当时的同学回忆，学校每年召开两次运动会，许多人参加马拉松赛跑都不能坚持到底，校方就专门设立了一项鼓励坚持跑完全程的鼓励奖，这个奖总是让韩增丰拿到。别人嘲笑他，他却笑着回答：“跑步是我们山区人的弱项，参军作战可是离不开跑步。事，不干则已；干，就要干到底。”

1933年5月，为反对丧权辱国的《塘沽协定》，第七中学进步学生在中国共产党的领导下掀起学潮。韩增丰积极参加了这次学潮，但遭到国民党的残酷镇压，所创办的《晓报》也被查封，苦干社被强制解散。他弃笔从戎，考入太原军官学校，毕业后在阎锡山的部队任排长。

1937年7月，卢沟桥事变，全面抗战开始。10月，韩增丰参加了抵抗日军的茹越口战斗，因作战勇敢被提拔为连长。然而，国民党军的节节败退使他感到其腐败无能，决心易帜投奔八路军。只因消息走漏事败，他被迫离开国民党军队，回归故里。韩增丰回乡后，准备自拉队伍，抗战到底。韩增丰的父亲当时为地方保卫团团长，非常支持儿子的抉择，毅然把人、枪及其指挥权交给儿子，并把自家的十石小米拿出来做给养。由于韩增丰带兵有方，加上当地群众对抗战的热情支持，这支队伍很快发展到一百六十多人。与此同时，中国共产党领导的晋察冀军区成立，周建屏奉命在平山县成立了第四军分区。韩增丰出于对共产党的热爱，在父亲的支持下，率部集体参加八路军，被编为晋察冀军区第四军分区游击第二大队。韩增丰被任命为大队长，平山县第一任县委书记李谨亭担任该大队教导员。不久，部队再次改编为第四军分区第八大队第三中队，大队长和教导员仍然是韩、李二人。韩增丰的父亲则在县抗日政府选举中，连续被选为县议会议员。

韩增丰由此感到了党的信任和重视，工作积极，作战勇敢，创造了许多成绩。

石家庄是日军侵略华北的大本营之一，一直由第一一〇师团驻守。于底是石家庄市近郊的一个大镇子，也是日军的一个重要仓库所在地，重兵把守，戒备森严。韩增丰却敢于虎口拔牙。1938 年 1 月的一个夜晚，他率领刚刚组建起来的一个连和运输队，在夜幕下悄悄进入于底镇，消灭了看守仓库的一小队日军和一中队伪军，将日军仓库里的军用物资全部搬入百里之外的根据地，使驻石家庄日军大为震惊。日军尚未清醒过来，韩增丰又率部袭击了石家庄飞机场，烧毁飞机十余架，将日军存放在机场的大批棉布运回根据地。不久韩增丰加入了中国共产党。日军驻石家庄部队第一一〇师团师团长桑木崇明中将却因连连失利被罢免职务。韩增丰被日军称为“活张飞”“韩疯子”“韩猛子”。伪军则更是闻风丧胆，任其部队从炮楼下自由通行。

韩增丰连战连捷，更加坚定了抗战到底的决心。作为军人，他深知“将军难免阵上亡”的道理，为了不分散自己的精力和连累他人，他果断和结发妻子办理了离婚手续。他全身心地投入抗战和带兵中，率领的部队每年都在军区首长检阅中排列在首位，并且驻守在根据地最前沿。1938 年，他率部到和日军的秋野中队仅一条小溪之隔的平山县温塘镇。当年 12 月，上级决定歼灭秋野中队，解放温塘镇。韩增丰便挑选了四十名精干的队员，装扮成给日军送慰问品的老百姓，对敌人进行突然袭击，一举歼灭了秋野中队，解放了温塘镇。次年 3 月，晋察冀第四军分区扩展壮大，由原来的三个大队扩编为两个团和两个游击支队，平（山）、井（陉）、获（鹿）三县游击支队为其中四大主力之一，韩增丰担任了副支队长。他率领部队屡次将正太、平汉铁路切断，使这三个县敌人的炮楼形同虚设，小股日军根本不敢出

头。韩增丰的部队成为名副其实的主力，打的全是正规战，只打日军正规部队和铁杆汉奸。

1941 年 2 月，上级决定派韩增丰到第二军分区协助开辟根据地。当时，广灵县城东边炮台驻守着日军的毛驴中队，中队长毛驴凶狠残暴，奸淫烧杀，无恶不作。韩增丰到任后，首先选中毛驴为打击目标。他听说大营村一个地主要给儿子办婚事，就通过当地党组织给这个地主做工作，邀请日军参加婚礼。娶亲那天，韩增丰兵分两路，一路由他亲自带领混在宾朋之中参加婚礼，一路潜伏于日军炮楼附近。毛驴带领几十名日军大摇大摆地赶来赴宴，架上机枪喝酒，刚端起酒杯就被韩增丰一枪击毙。韩增丰得手后，立即指挥全体官兵投入战斗。与此同时，另一路也攻入敌炮楼。部队将一个中队的一百八十名日军全部消灭，迅速打开了广灵县的抗战局面。

就在这年，晋察冀军区第四军分区主力部队已扩展为三个团、两个区队，韩增丰也由第二军分区调回，担任第八区队区队长职务，率部驻守井陉县赵庄岭村。接任桑木崇明担任第一一〇师团长的饭沼守闻讯，害怕他对井陉煤矿构成威胁，便指使驻守井陉县的部下和他谈判。韩增丰接到邀请信后，许多同志不同意韩增亲自前去，但韩增丰认为这是一场心理战，自己如果不去，便会使一些汉奸产生韩增丰不过如此的错觉；自己如果大胆前往，便会使汉奸甚至日军胆寒。他毫无畏惧地答应了日军的邀请，带领两个警卫员到达谈判地点——井陉县贾庄镇。日军官传达了饭沼守的意见：“如想继续带兵可担任石家庄警备司令，如想发财可得井陉煤矿一半利润。”韩增丰让他转告饭沼守：“煤矿是我们中国人的，你们没有权利开采；我带兵是为了打垮你们；你们不必搞什么鬼花样，有本事就在战场上见。”说完之后，扬长而去。韩增丰出演了一场“单刀赴会”，重挫了日军的士气。日军的攻心战术失败后，恼羞成怒，改以重兵围攻，从三面进攻赵庄岭村。韩增丰早已料到敌人这一手，沉着迎战，除了留少数人在赵庄岭诱敌外，把大部队拉到外围伏击日军，在日军进入伏击圈后，四面出击，经一天激战，毙敌三百余人，俘虏七十余人，缴获战马百余匹。

饭沼守的心理战和实战全部失败，对韩增丰望而生畏，1942 年在对抗日根据地“扫荡”“蚕食”接连受挫后，终于步桑木崇明之后尘而被免职，师团长职务由林芳太郎接替。

第八区队名声大振。这个区队名义上是团级，实际上兵力只有一个营，但是区队长具有根据情况指挥调动当地几个县游击支队的权力，韩增丰的军事才能因此而得以充分发挥。他根据日军在平山、井陉、获鹿、行唐、灵寿、新乐、正定等地的分布情况，有计划地端掉了一些炮楼，控制了一些炮楼，使里边的汉奸“身在曹营心在汉”。

1943年秋，敌人纠集日伪军四万多人，对北岳区连续进行残酷“扫荡”。在这次反“扫荡”中，韩增丰负责保卫行唐、灵寿两个县机关干部的安全。这天，他们宿营行唐县的宋营村。10月11日晚，第一一〇师团包围宋营后，韩增丰果断地做出了突围决定，率领区队干部战士接连四次往外送机关干部，如入无人之境。

不幸的是，韩增丰在重返宋营村成功地解救完最后一批地方干部突围时中弹，壮烈牺牲。

听到韩增丰的死讯，林芳太郎几乎不敢相信自己的耳朵。他来到韩增丰牺牲的现场，在几道手电光的照射下，看到了倒在柿子树下的韩增丰：他的上身趴伏在一个碾盘上，脊背上两个弹洞在淌血，一支手枪和一柄日军战刀在脚下，身边是几个八路军官兵的遗体。林芳太郎缓步向前走去，想亲自看看这个对手的真实面目。几个军官急忙走在前边带路，并抢先去搬动韩增丰的身子，想让他的面孔朝天。就在这时，韩增丰突然站立了起来，丢出一颗手榴弹。林芳太郎还没有反应过来，就见眼前闪起一团火光，耳边传来一声巨响，身边掠过一股强大的气流，四周几个军官和卫兵被抛向空中又落于地面，自己也被这股气流推倒在地。硝烟散去，林芳太郎被后边的军官搀扶起来，目光再次转向韩增丰，只见他仰面朝天倒在地上，脸上浮现着满意的微笑。这时候，林芳太郎才意识到韩增丰刚才只是受了重伤，在坚持着等待这最后的一击。林芳太郎看到这一壮烈场面后，不由自主地发出了一声感叹：“刑天！”

刑天在中国远古神话中，是一位无头的英雄。《九歌·国殇》中说他“身既死兮神以灵，魂魄毅兮为鬼雄”。林芳太郎出于对韩增丰的敬意，让军医擦洗了韩增丰的遗体，以绷带缠裹之后，盖上了一条毛毯，才悄然退兵。

韩增丰这种宁死不屈的精神，在抗日根据地内引起了巨大反响。军区领导破例授予他上校军衔，追赠战斗英雄称号。人民政府一度将他的故乡以他的名字命名，观音堂乡改为光宇乡，湾子村改为光宇村。在烈士牺牲多年后的今天，韩增丰勇敢抗战的故事还一直在石家庄、平山、井陉、灵寿、行唐、正定、新乐等地流传。在民间传说中，韩增丰是民族英雄，是神仙化身，是太行山中一座永远屹立着的高峰。

（本文选自中国军网，有删节）

忆先兄上青

文 / 江树理

1989 年 8 月 29 日，先兄上青牺牲五十周年。五十寒暑，每每忆起上青，就好像看见他站在我的面前，或诵读诗文，或评点时事……

我家原在江都河南，民国初年搬入扬州，初住在琼观街田家巷附近。我父亲共有子女七人。大哥江世俊，号冠千，是朱自清的同学，也写得一手好文章，但后来协助父亲料理家庭事务等，没有继续深造。二哥、三哥童年因病夭折。四姐江世英也在中华人民共和国成立前早逝。五哥江世雄读书不多，但人老实，“文革”初在上海被红卫兵推倒跌地中风而死。六哥就是江上青。

先兄上青原名江世侯，他比我大三岁。我们兄弟幼年曾一起在扬州琼花观小学读书。他自幼颖悟。我记得我们常在一起玩插香烟盒卡片的游戏。那时候，香烟盒内卡片常印有古代名人的名字和画像，我们把这些香烟盒里的卡片积累起来，在一起比谁能按卡片上的名人所处的年代顺序迅速把它排列起来。玩这个游戏，需要一定的历史知识，每次总是上青排列得最快。上青后来转入第一高等学校，接着升入扬州代用商业学校。1927 年间，由于北伐战争，当地局势很乱，我便和上青到南通的大哥处。上青考入南通中学高中部。

江上青

上青考入南通中学后，认识了顾民元同志。顾民元的父亲顾怡生先生是民主进步人士，他的姨兄刘瑞龙同志这时已参加革命。在他们的影响下，顾民元也具有很进步的思想。而上青由于受父亲的民主开明的思想熏陶，自小就具有很强烈的正义感。他俩在南通认识后引为知己，积极参加学生运动，同时参加了共产主义青年团。这是上青走上革命道路的开端。

1928年，上青转学回扬州，在扬州中学读高二，继续从事地下学运工作。不久，上青在东关江家桥的家中被捕了。由于父亲在扬州商人中的人缘很好，东关的许多商人联名保释他。但是，当局不准保释，把他押到了苏州，关在司前街监狱。开庭审理时，父亲请了胡显伯律师为上青辩护。胡显伯先生是父亲的诗友，他出庭辩护后，法院以上青年幼无知关押半年予以释放。当时上青才十七岁。

1929年上半年，上青出狱后，向往民主自由、追求革命的意志更加坚强了。但他在扬州无法待下去，父亲为了给他一条出路，便凑了一笔钱，让他到上海艺大读文学系。因为田汉等人这时正在上海艺大教书，父亲对上青寄予了厚望。临行前，父亲把他“江世侯”的名字改为“江上青”，就是希望他在文学艺术方面有所造诣。上青到了上海艺大后，参加了地下党组织，继续从事学运工作，组织地下红色学生会，与帝国主义及国民党开展斗争，还经常和郁达夫、殷夫等人来往。这一年冬天，他们的活动终究还是引起了敌人的注意，上青在北四川路粤商大酒楼又一次被捕。敌人由于证据不足，以莫须有罪名判处上青苦役一年，关在提篮桥监狱西牢。当时与上青同一个党支部的杨纤如经常为上青兄送东西。上青被捕后，他假上青之名写信回来，一直瞒着我们家。前不久，杨纤如还赋诗悼念他：“回首当年路满荆，高歌慷慨不低吟。外扬内秀连昆玉，觌面移情怀上青。”

1930年冬上青出狱。他出狱后身体不好，便到南通父亲那儿去养病。后来身体稍好些，又受党组织的派遣，在1931年秋到暨南大学社会学系读书，继续开展学运工作。由于这时革命处于低潮，上青于1932年重新回到扬州。他回家后积极与一批热血青年陈君冶等人办起了《新世纪周刊》，借以推动扬州的学运工作。上青疾恶如仇，不断在《新世纪周刊》上发表文章，评点时事，终于又引起本地恶势力的仇视。1933年父亲病逝，上青居丧在家，他为了避开恶势力的锋芒，就到仪征十二圩中学教书。仪征十二圩镇过去是盐运中心，比较繁华，因此在十二圩中学求学的青年也较多。上青就继续在学生中宣传马克思主义。后来组织“江都县文化界救亡协会流动宣传团”，十二圩中学的很多学生，如赵敏、李公然等主动参加救亡宣传团，与上青的宣传组织工作是分不开的。1934年，上青又到东海民众教育馆做辅导工作，1935年才回扬州，应邀到平民中学任国文教员。

这时正是抗日战争全面爆发的前夕，上青为组织宣传抗日与弘扬新文化，与在淮阴师范教书的于在春、顾民元联系，发起创办了《写作与阅读》杂志。我也参加了编辑工作。《写作与阅读》办起来后，就以扬州平中作通信地址，第一卷在镇江印刷，由上海杂志公司发行。后来上青在陈洪进的介绍下，与新知书店的姜君辰同志联系，第二卷起改由上海新知书店出版。在当时的政治环境下，上青和顾民元等借谈文艺、谈教学，在《写作与阅读》上发表了大量文章，进行宣传鼓动。《写作与阅读》一共出版了十期就停刊了。这时，在日本留学的陈素回到扬州，积极宣传抗日，上青又立即和他一起办起了《抗敌》周刊。为了扩大《抗敌》周刊的影响，通过宣缔之同志请冯玉祥将军为杂志写了刊名。这期间，上青以自己的言行和文章培养了很多青年，孙峰就是其中的一位。孙峰是孙蔚民同志的长女。这年秋天，上青和莫朴、陈素等人又组织成立了“江都县文化界救亡协会流动宣传团”。从办杂志到创立宣传团都得到王石城、黄福祥两位老兄的帮助。宣传团成立后，我们从江都出发，先后到了六安、颍上等地广泛开展抗日宣传组织民众工作。当时上青才二十六岁，正是风华正茂的时候。他很会讲演，每次街头讲演都吸引了大批听众。我们宣传团后来到了浠水，一部分加入广西军参加武装抗日，上青带赵敏等另一部分同志到了立煌。这时他找到了武汉八路军办事处，汇报了近几年的工作情况。后来安徽省抗日动员委员会的张劲夫同志为他接转了组织关系。我在浠水和上青分手后，他经常给我写信，并曾有诗寄我。下面的这一首诗，就是他在牺牲前寄给我的，可以说是他的诀别诗：

过隙光阴逝白驹，十年患难早相扶。
雄心拼付三期战，别绪全凭一雁书。
春水绿杨思故里，秋山红叶走征途。
天涯兄弟成劳燕，互问风尘老病无。

1938 年冬，他受中共安徽省工委派遣，到国民党安徽第六行政区专员、保安司令盛子瑾部做地下工作，公开职务为专员秘书和政治部主任，同时担任秘密的中共特别支部书记，致力于开辟皖东北抗日根据地，创办了《皖东北日报》和军政干部学校，打开了皖东北抗日民族统一战线的局面。不料浠水一别竟成永别，他于 1939 年 8 月 29 日遭到反动地主武装袭击，长眠于洪泽湖畔。

转眼已是五十年！回忆先兄上青的革命历程，他是一个不屈不挠追求真理、勇于献身的优秀共产党员。他两次坐牢，一次受恶势力迫害，但都没有对革命丧失信心，而是以执着的革命韧性精神，义无反顾地一次又一次投入革命大潮，直到最后牺牲了自己的宝贵生命。他在短暂的二十八年生涯中写下了一首高昂的生命之歌。六嫂王者兰曾对我们家的后一辈说：“你们的六公公是为党的事业牺牲的，你们都要像他那样努力工作，争取入党，跟着党走。”如今，上青为之奋斗的理想早已变成了现实。在他牺牲五十周年之际，援引五十年前上青兄赠诗韵以和，作为这篇回忆上青兄短文的结束：

五十年前过隙驹，踽踽行步忆搀扶。
馨香一瓣灵应笑，园木森然人展书。
春水连天增秀景，高楼远眺念征途。
洪湖鱼美双沟酒，舟楫江淮洋应无。

（本文写于 1989 年 8 月，选自中国共产党新闻网）

李红光和南满抗日游击队

文 / 张海艳

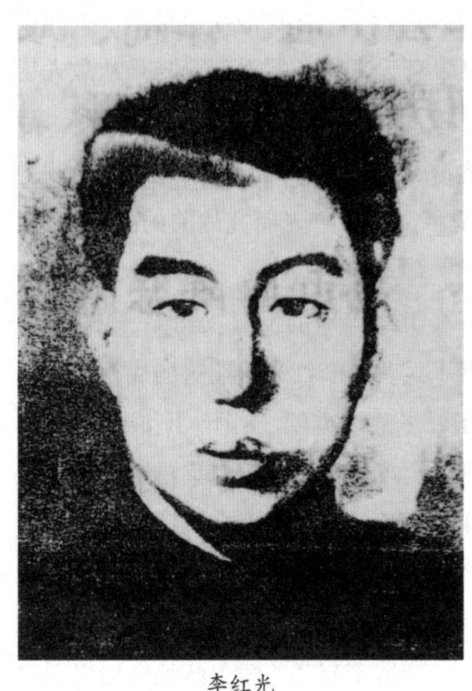

李红光

李红光，南满抗日游击队的主要创始人、东北人民革命军第一军的杰出领导人、民族英雄杨靖宇的“副帅”和亲密战友，他在东北的抗日战场上战功赫赫、威震敌胆。毛泽东主席曾经亲口赞扬：“李红光是东北有名的义勇军领袖之一。”为了缅怀亲密的战友，杨靖宇将军在谱写《东北抗联第一路军军歌》时，还特意把李红光的名字写进歌词里面。解放战争时期，在李红光战斗过的南满地区，还以他的名字组建成了“李红光支队”。这支队伍在解放战争中屡立奇功。

1931 年，九一八事变爆发，东三省沦陷。日本侵略者在磐石县（今磐石市）城不但设置了日本领事馆，同时为了制造民族分裂，还扶植了所谓的“保民会”。1932 年中共磐石中心县委遵照省委指示组织成立了第一支抗日赤卫队，又叫“打狗队”，李红光任队长。他带领队员召开了有三百多人参加的抢米斗争会，斗争了外号叫“何大头”的大地主何东生，迫使他低头认罪，交出了大批粮食，李红光把这些粮食分给了贫苦农民。李红光还多次率队营救被捕的抗日会员，保卫中心县委的安全。

1932 年 2 月，为了给抗日部队提供武器装备，李红光冒着生命危险率队越过奉吉铁路，来到呼兰镇西南约十公里的二道岗，那里有一支二十多人的地主武装，其成员都是一些社会无赖。李红光查清这伙人经常去的赌场后，让队员埋伏在房子周围，自己带四名队员装成赌徒混进屋里，突然大喝一声：“不许动，我们是抗日游击队！”地主武装队一个个吓得魂不附体，继而举枪投降。李红光率队带着缴获的二十多支长短枪支返回驻地。

1932 年 6 月，中国共产党直接领导的东北第一支抗日武装——满洲工农反日义勇军第一军第四纵队在磐石地区宣告成立，李红光在纵队部工作。12 月，义勇军又改称为中国工农红军第三十二军南满游击队，杨靖宇任队长兼政委，李红光任教导队政委。

1933 年 1 月末至 5 月间，南满游击队与敌人进行了十多次战斗，抗击敌人四次“围剿”。当年 4 月末，杨靖宇、李红光在大泉眼巧设埋伏，并派部分骑兵从敌人后面抄袭，经过半天的战斗，毙伤敌人三十余名，冲破了敌人的第四次“围剿”。战斗中，李红光很快成为杨靖宇的得力助手。他每到一处，都细心观察地形，绘制地图，为杨靖宇提供作战方案。每次战斗，杨靖宇都和李红光研究战前的准备工作，配合十分默契。

1933 年 6 月 25 日，南满游击队联合磐石、伊通等地的反日义勇军、山林队，攻打驻守磐石、伊通两县交界处的大兴川伪满军兵营，李红光担任这场战斗的前线总指挥。战斗中，李红光勇猛作战，指挥得当，予敌以重创。8 月，刚成立的抗日联合军在政委杨靖宇、参谋长李红光的率领下决定攻打磐东重镇东集昌镇（今呼兰镇），这里驻守着日伪军和汉奸地主的自卫团共八百多人，他们对抗日游击队构成很大威胁。8 月 13 日起，南满红军游击队与各路义勇军约一千五百人连续三日以猛烈火力围攻东集昌镇。第三天，驻磐石的日军守备队赶来增援。杨靖宇、李红光见状立即率领游击队佯装惊慌撤退，镇内的敌人看到援军到了，游击队惊慌撤退，得意忘形，连忙追赶，没想到闯进了红军游击队员事先埋伏好的伏击圈。李红光马上率游击队调转头来，对敌人发起猛烈的冲锋，伏兵也从两侧夹击，打死打伤敌人二十余人，等敌人援兵赶到时，游击队早已主动撤出战斗。

1934 年 4 月，东北抗日联合指挥部成立，杨靖宇被选为总指挥，李红光任参谋长。这样，包括独立师在内的十七个抗日武装改编成了八个抗日支队，由联合指挥部统一领导，开展抗日斗争，大大地加强了南满地区的抗日武装力量。同年 11 月，在临江县召开的中共南满第一次代表大会上，东北人民革命军第一军成立，杨靖宇任军长兼政委，李红光任第一军第一师师长兼政委，一师下辖三、五、六三个团

和少年连，共五百余人。这是一军的主力部队。为了在南满地区广泛开展革命游击战争，扩大游击区域，李红光和杨靖宇并肩战斗，同日伪军进行了多次战斗。在通化、三岔河和孤山子等处，给日军守备队和邵本良部以重创，缴获大批武器等重要物资；在临江地区秃尾巴沟，击溃日军井上分队和伪军一部；他率一部分战士智取新宾县东昌台子伪军据点，火烧窟窿警察署，攻占响水河子；在清原县黑石头设伏，痛击日伪联防队。由于李红光对南满地理状况了如指掌，善于利用地形对敌作战，因此，每次对敌作战都战而必胜，在军中有着极高的威望。

1934 年冬，日军对抗日武装实行“大讨伐”，李红光率领东北人民革命军第一军一师转战在桓会、新宾等地，与敌人进行了无数次的战斗。

1935 年 2 月，李红光率队袭击日伪军需品储存地东光镇，他采用调虎离山战术突然袭击驻地，歼敌数十人，缴获大批军需品，大获全胜。同年 5 月下旬，李红光带领二百人从新宾向桓仁进发，准备筹集马匹、粮草，到桓仁县青伙洛与副县长、师长韩浩的队伍会合，成立骑兵队。当部队行至老爷岭时，与日伪军遭遇。李红光冒着枪林弹雨亲临前沿阵地指挥作战，打退了敌人的一次又一次反扑。在战斗中，他发现敌人阵地上一挺机枪对我部队构成极大的威胁，便举起望远镜搜索机枪的准确位置。不料，敌人的机枪扫射过来，击中了李红光的胸部和腿部。战士们将他送到桓仁青伙洛抢救，但终因失血过多、伤势过重，抢救无效壮烈牺牲。战友们将他的遗体秘密运送到大青沟黑瞎子望的山林里，安葬在一棵核桃树下。

（本文选自人民政协网）

“二七烈士”林祥谦

文 / 来建强

在湖北汉口江岸车站，矗立着一尊昂首挺立的红色花岗岩雕像，雕像基座正面镌刻着“林祥谦烈士”五个金色大字。他就是1923年在二七大罢工中担任京汉铁路总工会江岸分会委员长的林祥谦，这里就是他当年英勇牺牲的地方。

林祥谦

林祥谦，1892年10月出生在福建省闽侯县一个农民家庭。1906年进马尾造船厂当学徒。由于他聪明好学，很快掌握了钳工技术。1912年他通过技工考试，进入汉口江岸铁路工厂当钳工。当时的京汉铁路既是帝国主义侵略中国的“吸血管道”，又是封建军阀进行统治、互相混战的工具。近三万京汉铁路工人过着“成年累月做马牛，吃喝如猪穿如柳”的苦难生活。为了改善劳动条件、提高收入，林祥谦曾和工友们开展过小规模的罢工斗争。

1921年中国共产党成立后，武汉党组织负责人陈潭秋、项英等人经常深入江岸区的铁路工人中，宣传革命道理，很快发现了富有反抗精神又在工人中有着很高威望的林祥谦。在陈潭秋、项英等共产党人的帮助下，林祥谦阶级觉悟很快提高，开始走上革命道路。同年12月，林祥谦参加中国劳动组合书记部武汉分部会议，并作为发起人之一筹备组织京汉铁路江岸工人俱乐部。1922年1月，江岸工人俱乐部成立，林祥谦被选为干事。由于他办事公正，乐于助人，为工人谋利益，深受大家的

信任和爱戴。同年，林祥谦加入了中国共产党，不久当选为京汉铁路江岸分工会委员长。

为适应全国工人运动日益高涨的形势，京汉铁路总工会筹委会经过多次酝酿筹备，决定于1923年2月1日在郑州召开京汉铁路总工会成立大会。2月1日清晨，郑州全城戒严。反动军警荷枪实弹，如临大敌。面对全副武装的敌人，林祥谦和代表们毫不畏惧，冲破军警的包围圈，进入会场。在一片欢呼和口号声中，宣告京汉铁路总工会正式成立。

反动军阀吴佩孚、萧耀南对此感到无比恐慌和仇恨。当天下午，他们下令反动军警占领总工会会所，驱逐工会工作人员，查抄总工会的文件材料，砸坏各单位赠送给大会的匾额和礼品，甚至包围和监视代表们的住处。当晚，林祥谦参加了总工会召开的紧急会议，决定向反动当局提出五项要求，限四十八小时内回复，否则将于2月4日举行全路总同盟罢工。会议决定总工会移到江岸办公，同时成立总罢工委员会，林祥谦被指定为江岸地区罢工总负责人。

第二天上午，林祥谦回到江岸，随即召开会员大会，传达总工会关于发动全路总同盟大罢工的决定，号召工友们用最大的力量反抗军阀的暴行。接着，林祥谦带领工人们组织宣传队，贴标语、发传单，揭露敌人罪行；成立调查队，了解掌握敌人动态；扩大工人纠察队，同时赶制铁棍、木棒，准备自卫。2月4日晚，罢工的各项准备都已就绪。

2月4日上午9时，林祥谦接到总工会关于罢工的指示后，下达了罢工令。随着第一声汽笛的拉响，江岸机车厂所有的汽笛同时怒吼，响彻武汉三镇。京汉铁路全线所有的客、货、军车一律停驶，震撼中外的京汉铁路工人大罢工开始了。这次大罢工从政治、经济上沉重打击了帝国主义和反动军阀。2月6日下午，汉口美、英总领事召集中外买办资本家进行密谋策划，并向北洋军阀政府施压。吴佩孚勾结帝国主义，决定对罢工的京汉铁路工人进行残酷镇压。

林祥谦意识到残酷的斗争即将到来。2月7日中午，他把分工会的图章藏在家里的炭火盆里，匆匆赶回分工会。下午5时20分，反动军阀带着两个营士兵，包围了江岸分工会会所，开始了疯狂的射击。在这场野蛮的屠杀中，江岸三十多名工人牺牲，二百多人受伤，酿成了震惊中外的“二七惨案”。林祥谦带领工人同前来镇压的反动军队进行了英勇搏斗，终因寡不敌众，与十几名工会领导人和工人代表被敌人逮捕。

当夜，天降大雪，敌人把林祥谦绑在江岸车站站台的木桩上。反动军阀以死威胁逼迫林祥谦下令复工，遭到林祥谦断然拒绝。敌人恶狠狠地命令刽子手举刀砍向林祥谦左肩：“上不上工？”林祥谦斩钉截铁地说：“上工要总工会下命令。我头可断，血可流，工不可复！”屠刀砍向林祥谦右肩，他血流如注，昏死过去。醒过来，敌人再次恶狠狠地问他：“现在怎么样了？”林祥谦拼尽最后的力气怒斥敌人：“现在还有什么话可说？可怜一个好好的中国，就断送在你们这班军阀手里了！”林祥谦壮烈牺牲，年仅三十一岁。

林祥谦烈士陵园

为纪念这位工人运动的先驱者，中华人民共和国成立后，党和政府在福州修建了林祥谦烈士陵园，包括二七烈士纪念堂、陵墓、千人广场和六米高的烈士花岗石雕像等建筑。纪念堂以丰富的图片和资料，详细介绍了林祥谦的生平事迹。陵墓后面是郭沫若题写的“二七烈士林祥谦之墓”的青石墓碑。陵园内苍松繁茂，芳草如茵，守护着烈士不灭的英灵。

（本文选自《人民日报》，有删节）

李慰农：从农民博士到工运先驱

文 / 方克逸

李慰农

李慰农是中国共产党建党初期的杰出英才，在党内享有“农民博士”和“工运先驱”的美誉。从浮槎山东麓贫苦农民的儿子，到旅欧求索建立共产主义组织，再到青岛为革命献身的第一位共产党人，革命英烈李慰农走过了短暂而光辉的一生。

浮槎骄子志兴农

李慰农原名李尔珍，1895 年 9 月 23 日出生于安徽巢县（今巢湖市）庙岗乡油坊郑村。油坊郑村位于浮槎山东麓，这里因北宋欧阳修写有《浮槎山水记》闻名遐迩，但乡村一直贫穷落后。李慰农自幼家境贫寒，父母望子成龙心切，省吃俭用将他送进私塾，九岁的李慰农进入韦氏塾馆读书。塾师韦恒知道他家艰苦，为他起名“尔珍”，要他珍惜这来之不易的读书机会。接着，他又就读于地方名师李福怡、郑畅初门下。李慰农发奋苦读，“言语有序，文辞有章”，表现出不平凡的才华。他十三岁时，曾在柘皋万人集会上慷慨陈词，痛斥清廷无能，揭露帝国主义列强的侵华罪行，一时名扬四方。在父老乡亲们眼里，李慰农是一个知书达理、帅气十足的英俊少年。

李慰农高小毕业后，回乡担任小学教师，并攻读了《农政全书》《天工开物》等书籍，一门心思振兴农业，以改变家乡的贫穷面貌。在朴素的“农业救国”思想指导下，1912 年，李慰农考取芜湖省立第二甲种农业学校，为实现自己的抱负，立志攻读农业科学。赴校前夕，他更名“尔珍”为“慰农”，以名明志。在校期间，曾吟诗言志，抒发“高风轻势利，大节傲王侯”的壮志情怀。有其遗诗二首：

游石乘轮出发

浩浩长江天际流，风吹乐奏送行舟。
问谁敢击中流楫，舍却吾侪孰与俦！

登太白楼

此地楼何造？名沉太白愁。
高风轻势力，大节傲王侯。
一醉长江水，千秋采石头。
翠罗空怅望，把酒且邀游。

1915 年夏，李慰农以优异的成绩毕业，留校任农场管理员。随后不久，李慰农与同乡大邱村农家姑娘邱以珍结婚。李慰农留校期间，正是新文化运动普及之时，他受陈独秀《安徽俗话报》、高语罕《白话书信》等书刊影响，接触科学、社会主义思想。李慰农开始认识到“农业救国”的主张是行不通的，只有走十月革命的道路，中国才有希望。五四运动时期，李慰农是芜湖学生运动的领袖人物。他奔走呼号，促进芜湖各界联合会的成立，推动了芜湖爱国运动的发展。

1919 年秋，“华法教育会”在安徽招收勤工俭学留学生，李慰农以全省第二名的优异成绩被录取。出国之前，他回到家乡，在本村组织了一个有十多名孩童参加的识字班。教学他新编的《三字经》，进行爱国启蒙教育。二十四岁的浮槎骄子，二十四岁的李慰农，为了追求真理，赴欧勤工俭学，告别家乡，告别亲人，就再也没有返回故乡。李慰农走了，但他编写的《三字经》：“卖国贼，曹陆章，定密约，卖鲁矿，媚日本，国权丧，愿同胞，细思量……”永远在浮槎山麓回响。

旅欧求索建组织

1919 年 12 月 25 日，李慰农和蔡和森等五十余人由上海乘船去法国，1920 年 2 月初到达巴黎。李慰农先在巴黎一家鞋刷厂做工。次年 5 月，转到蒙达尼附近的哈金森橡胶工厂做工，参加在旅欧学生和华工中筹建党组织的

蔡和森

工作。他身在海外，联想到灾难深重的祖国，更加坚定了献身革命、改造国家的决心。在每天八小时的紧张劳动之余，他不但努力补习法语，还自学了德语和俄语，以便于阅读马克思、列宁的原著。

在李慰农刚到巴黎时，先期留法的李富春等发起组织了“勤工俭学励进会”，即联络安徽的李慰农、杨士彬加入该会。1920年8月，该会改名为“工学世界社”，确立了以“信仰马克思列宁主义和实行俄国式的社会革命”为宗旨，社员发展到三十多人。“工学世界社”除组织社员学习马克思列宁主义以外，还成立了“工学世界通讯社”，向国内发稿，报道留法勤工俭学和华工运动的情况。李慰农积极参加这些活动，成为颇有理论根底和活动能力的骨干分子。

1924年7月，出席旅欧中国共产主义青年团第五次代表大会的代表在巴黎合影

1921年春，赵世炎、周恩来等在法国组织了共产主义小组。同年10月，又开始筹建“中国少年共产党”。1922年6月3日，在巴黎召开了旅欧青年团第一次代表大会，参加者有旅法、德、比等国代表赵世炎、周恩来、李维汉、王若飞、陈延年、陈乔年、刘伯坚、佘立亚、袁庆云、傅钟、王灵汉、李慰农、肖朴生、萧子璋、汪泽楷、郑超麟、尹宽、任卓宣十八人。会议决定将团组织定名为“旅欧中国少年共产党”，选举赵世炎、周恩来、李维汉组成中心执行委员会，由赵世炎任书记，周恩来负责宣传，李维汉负责组织。李慰农被指定为蒙达尼方面负责人。

1990 年，据与会十八人中的唯一幸存者郑超麟老人回忆，此次大会不久，邓小平便加入了组织。当时，邓小平、李慰农、郑超麟等住在一起，编为一组，李慰农任组长。郑超麟说："李慰农与邓小平关系很好，经常交谈到深夜。" 1991 年，在庆祝中国共产党成立 70 周年的日子里，中共青岛市委党史办公室出版了《李慰农烈士专集》，邓小平同志闻讯为专集题写了书名，聂荣臻、姜春云等人分别为专集题词。

1923 年 2 月，根据中共中央指示，"旅欧少共" 改为 "中国旅欧社会主义青年团"，并成立了旅欧支部，选举周恩来为书记，李慰农为总支部的成员。1923 年，李慰农被由周恩来等人组成的中国革命旅欧组织批准转为中共正式党员。

在旅欧党团组织内，李慰农刻苦学习、钻研马列是出了名的，特别是对解决中国农民问题如痴如醉。他认为工人是 "共产革命的先锋军"，同时指出农民是反帝反封建斗争的主力军之一，组织农民要从组织农会和教育农民入手；"我们最后的目的是要做到工会农会联成一气，如此则革命根基方建筑得稳固"。他的精辟见解，引起了留法同志们的注意，以至于大家送给他两个绰号：一个是 "农民博士"，一个是 "社会主义"。据当时和李慰农一起在法国勤工俭学的张申府、萧劲光、肖三等人回忆，这两个绰号就是李慰农的替代名了。另据《郑超麟回忆录》记载：在莫斯科东方大学时，任弼时的绰号叫作 "女学生"、王人达的绰号叫作 "妇女代表"，同李慰农的 "农民博士" "农民代表" 相映成趣。

1923 年 11 月，李慰农和刘伯坚等十人，按照中共中央的指示，由周恩来护送到柏林，然后转赴莫斯科东方大学学习。坐落在高尔基大街的东方共产主义运动大学，是根据列宁的建议于 1921 年秋开办的。在这所专门培养东方各国、各民族革命干部的学校里，专设了一个中国班，共有一百二十三名学员，分设二十二个学习组，建有中国学员支部。李慰农被指定为第一组组长。

李慰农在法国自修俄语，根底扎实。来到东方大学后很短时间，他就能在课堂上直接听懂俄国教师的讲课，并且能够娴熟地使用俄文做笔记。列宁的《青年团的任务》等必修课，他都取得了优秀的学习成绩。他还精读了《资本论》《共产党宣言》《国家与革命》等马克思、列宁的经典著作，写下了一本本的学习笔记，为他日后回国领导组织革命斗争打下了坚实的理论基础。

工运潮头擎帅旗

1925 年，李慰农奉党中央指示回国，被分配到山东工作。同年 4 月，被派往青岛市委工作。他化名王伦，深入产业工人集中的四方村，建立了中共四方支部，并任书记。他重点建立严格的组织制度和保密制度，同时积极发展工会组织，举办工人夜校，建立工人俱乐部。4 月 19 日，他发动四千余名大康纱厂工人举行罢工，散发《青岛大康纱厂全体工人泣血书》，提出承认工会，增加工资，保护童工、女工及对待工人一律平等十六项复工条件。六天之内，参加罢工的人数达到一万八千余人。4 月 29 日，他接任中共青岛市委书记，遂将市委机关由湖南路秘密迁到四方村，就近领导罢工斗争。先后发动胶济铁路总工会、四方机厂工会全力声援；动员各界群众特别是学生，成立“罢工后援会”捐款声援，争取青岛《公民报》特辟工潮专栏，报道斗争情况，揭露日本帝国主义和奉系军阀压迫工人的罪行。5 月 9 日，日本厂方被迫签订复工条件。至此，闻名全国的青岛工人第一次联合大罢工，在李慰农的卓越领导下，坚持二十二天后取得了重大胜利。

5 月中旬，全国第一次劳动大会结束后，刘少奇来青岛视察工作。刘少奇在青岛期间，李慰农召开了党、团负责人会议，一起分析研究了下一步的工作，一致认为要警惕敌人的反扑。不久，中日反动派便开始了反扑。在军阀张宗昌的授意下，胶澳督办温树德派出军警三千名，于 5 月 29 日凌晨包围了四方三家日本纱厂和工人宿舍。军警和日本厂主，悍然向工人开枪，制造了震惊中外的青岛惨案。它和次日在上海发生的五卅惨案，合称为“青沪惨案”。

青岛惨案发生后，李慰农总结了罢工斗争的经验和教训，分析了全国局势及青岛的实际，提出了发动全市各界民众组成革命统一战线，极大地孤立和打击日本帝国主义和亲日派势力的斗争方针。他亲自出面联络国民党青岛市党部的左派人士，通过胶济铁路总工会和青岛学联发动各界。5 月 30 日，李慰农组织了“胶济铁路总工会沪青后援会”。

在李慰农的组织领导下，青岛人民的反帝爱国斗争开展得如火如荼。在不到两个月的时间里，全市各界组织了上百个民众团体，或联合或单独举行集会数十次，演讲、游行、募捐几乎天天都有，就连胶澳商埠督办公署的官员，也慑于形势参加了民众团体的活动。这一切，不仅体现了党的统一战线和民众团体的巨大威力，也充分地反映了李慰农的胆略和才能。

为党献身昭后人

1925 年 6 月下旬，上海五卅运动出现了逆转。以虞洽卿为代表的大资产阶级退出了罢市，背叛了人民的利益。而奉系军阀受帝国主义的指使，于 23 日封闭了上海工商学联合会。在青岛方面，反帝运动也发生了变化。张宗昌在接受了中日反动派三十万元的贿赂后，决定再次大开杀戒。从 7 月 26 日起，由张宗昌的前敌执法副司令尹德山带领大批奉军赴四方镇压罢工。四方、沧口地区实行戒严，断绝一切交通。

7月26日晚，军警由叛徒指路，去四方一带搜捕李慰农。此时，李慰农正在小鲍岛开会，研究应急措施，指挥疏散党、团员骨干。李慰农当时完全来得及脱身，避开敌人搜捕，但他想到宿舍里有党的秘密文件，便毅然赶回住处焚毁。当反动军警一拥而入时，他已烧掉了所有文件。在敌人审讯他到青岛的目的时，李慰农斩钉截铁地说："青岛是中国的青岛，是青岛人民的青岛，我要和青岛人民一道，打倒帝国主义，打倒帝国主义走狗！"敌人要李慰农供出同党，李慰农欣然地说："青岛的工人全是我的同党！"残暴的敌人把李慰农打得皮开肉绽，但他坚贞不屈，大义凛然，从容唱起《国际歌》。7月29日凌晨，李慰农在青岛团岛海滨的沙滩上被军警秘密杀害，时年三十岁。

李慰农是青岛第一个为革命献身的共产党人。当噩耗传到上海时，中共中央正在召开执委扩大会，总书记陈独秀提议暂停会议，为烈士致哀。会议还作出决定，广泛搜集李慰农烈士事迹，编成宣传材料，号召全党学习。

时任全国铁路总工会党的领导人罗章龙，闻讯写下悼诗："黄海帅旗李慰农，沉雄远略兼雍容。山东革命勋名懋，不废江河一代宗。"周恩来1928年在上海做地下工作时，一次深情缅怀李慰农说："在青岛大罢工中牺牲的王伦，就是李慰农。他是中央派去青岛领导工人运动的，是一名党性很强的好同志。"

1989年6月2日，青岛团市委在青岛海滨公园建立了李慰农烈士雕像。2005年10月18日，中央电视台新闻联播《永远的丰碑》系列报道，专题介绍了《工人运动的杰出领导人——李慰农》。

在烈士的故乡，巢湖人民永远怀念浮槎骄子李慰农。在油坊郑村一带浮槎山上，进入新世纪后被开发出千亩桃花园。为了纪念革命英烈，这里花红果甜的油桃被注册登记为"慰农牌"，以今天幸福的新生活告慰烈士的在天之灵。

（本文选自安徽文化网）

铮铮铁骨刘耀梅：激昂歌声仍在回响

文 / 周丽婷　张成利

1943年12月初，在晋察冀边区军民反“扫荡”的英勇抗击下，盘踞阜平县平阳镇三十二天的日军荒井部队被迫撤退。抗日军民从一口水井里捞出了惨遭日军杀害的平阳镇罗峪村妇救会主任、年仅二十二岁的刘耀梅的遗体。

她双目微闭，头和脖子只连着一层皮；腹腔被剖，胸前两个大血坑露着肋骨；胳膊、大腿都被割得露出了骨头……人们含泪把她侧翻过来，由八路军晋察冀画报摄影记者叶曼之拍摄了后来广为人知的照片——《刘耀梅之死》。

走过昨日战争的硝烟，如今的阜平县罗峪村安静而祥和。这个小山村，就是刘耀梅的出生地。她生于1921年10月18日，十六岁就参加抗日活动，十八岁入党，任罗峪村妇救会主任。为发展全村妇女参加抗日工作，她编写了通俗易懂的《妇女解放歌》。

随着罗峪村九十五岁老人郑朋旗的回忆，刘耀梅的形象渐渐丰盈起来：“风竹子（刘耀梅小名）细高挑儿，模样俊，脾气好。她常带着姑娘媳妇们在村里扭秧歌。”在郑朋旗的记忆里，风竹子唱歌很好听，常把从区里学来的歌教给姐妹们。

在阜平县科技局工作的刘光龙是刘耀梅的亲侄子，虽然从来没有见过这个英雄姑姑，但他对姑姑一点也不陌生，从小就听奶奶、爸爸讲她的好多事。

“当年村里开大会，号召妇女剪辫子、放脚，姑姑是带着剪子去的，在大会上第一个剪了辫子、放了脚。1941年八路军扩军，姑姑曾和村里的十几个姑娘、小伙儿一起去平阳区报名参军。”刘光龙记得，奶奶在世时只跟他讲过一次姑姑牺牲时的事，“当时奶奶拉着我的手，浑身都在哆嗦。”

1943年秋，穷途末路的日本侵略者纠集四万日伪军，对晋察冀边区北岳区进行残酷的“大扫荡”。9月初，以荒井为首的日伪军在阜平县上平阳村安据点，设“红部”杀人场。

距离上平阳村很近的罗峪村形势非常紧张，刘耀梅带领群众英勇反“扫荡”。两个月后，日军对罗峪村一带的“清剿”越来越频繁，几乎天天都要搜山，罗峪村群众大都转移到平阳河上游。

刘耀梅烈士纪念碑

当年11月18日夜，荒井带领日伪军分数路奔袭合击连家沟一带。天亮时日军包围了连家沟，刘耀梅不幸被日军抓住，押到“红部”，由荒井亲自讯问，并施以酷刑。她要么一言不发，要么大骂日军，决不说出八路军藏武器和粮食的地点。被捕后的第三天上午，日军把她押到上平阳临时刑场，绑在一棵树上。残暴的日军割掉了她的双乳，扯掉她的头发，砍断了她的头颅……牺牲时，她年仅二十二岁。

刘耀梅被杀害后，刘耀梅的父亲刘荣榜、弟弟刘耀新、丈夫齐尚书、公爹齐老末也先后遭杀害。

刘耀梅牺牲后，平阳区委号召全区军民学习她坚贞的民族气节，在日军屠刀下不动摇、不变节、不出卖民族利益，做个真正的中国人。

（本文选自《中国妇女报》，有删节）

刘为泗：驰名赣北的抗日英雄

文 / 陈泽富

九江岷山，在抗日战争时期是一个战略重地。由于临近南浔铁路，九江沦陷不久，日军就派出精锐部队丸山支队向岷山阵地发起猛攻，川军王陵基将军曾在这里防守，蒋介石嫡系部队七十四军军长俞济时，曾在这里与日军进行过岷山阻击战。然而，在岷山给日军以重创的还是生于斯、长于斯的驰名赣北的抗日英雄刘为泗。

刘为泗，1908 年生于九江黄老门破塘刘村，1926 年参加革命，1932 年奉党组织指示回到赣北，成立赣北德安支部，刘为泗任书记。此后历任赣北工委书记和赣北红军游击大队大队长，组建了一支训练有素的队伍。中共江西省委党史研究室编著的《赣北岷山根据地》一书对刘为泗的英雄壮举进行了浓墨重彩的描述。

刘为泗

1938 年 8 月，日军进犯九江，不久地处南浔铁路的黄老门、马回岭沦陷。赣北抗日游击大队在赣北工委书记刘为泗的领导和指挥下，队伍由一百余人扩展到三百余人。共编为三个中队、一个传令排。赣北抗日游击大队长为陈立顺、政委为李顺希，有长短枪三百余支，经常与日军作战于九江、德安、瑞昌公路沿线，南浔铁路沿线及山区地带，成为赣北一支非常重要的抗日力量。

这年 10 月 24 日，游击大队获悉日军从瑞昌进入德安。刘为泗立即组织一百多名老游击队员，并亲自参战，在德安山湾乡蔡家垅的一个隘口高地设下了埋伏。当日军先头骑兵队进入伏击圈，刘为泗身先士卒，发动猛烈攻击，并与敌人展开肉搏战。这一战共击毙敌军三十余人，活捉三人，缴获大量武器弹药。11月，刘为泗又精心化装成“保长”，带领四十名装扮成民工的游击队员，来到沙河街日军营地修筑工事，伺机突袭日军。日军被打得像无头的苍蝇到处乱窜。当天一举歼灭日军四十余人，缴获了全部武器装备，大长中国人民的志气。12月，日军围攻庐山，刘为泗派出十多名游击队员夜袭庐山脚下康家坡日军，打得日军抱头鼠窜，连夜逃跑。驻扎在黄老门和马回岭的日军十分惊慌，不敢进犯庐山。

1939年元旦，日军向岷山发动总进攻。游击大队利用山地优势，击毙日军一百余人，缴获长枪五十支、机枪两挺。日军又集结一千余人，并以飞机大炮掩护，集中进攻岷山株岭。双方战斗异常激烈。游击大队击退日军多次进攻，并击毙日军数十人。1月30日，日军增兵一千人，分三路向岷山发起进攻，刘为泗指挥游击大队机智地将日军引诱到对我有利的地形，继而将其冲割成若干段，形成口袋之势，然后集中兵力各个击破。战斗持续了三天三夜，异常激烈。游击大队仅以四百余人，击败一千余名日军的进犯，显现了刘为泗高超的指挥才能。2月19日，也就是农历正月初一，日军进犯岷山黄家垴，游击大队潜入后背山上，利用地形巧妙袭击敌人，致使日军伤亡惨重，躲在驻地余家河几天不敢露面。

赣北抗日游击大队在不到半年的时间里，对日军作战数十次，毙敌五百余人，伤数百人，俘虏十人，缴获长短枪三百余支、机枪十四挺、迫击炮两门、子弹数万发，沉重打击了日军的嚣张气焰，为抗日救国建立了不朽功勋。

然而，就是这样一位战功卓著、威震赣北，令日军闻之胆寒的民族英雄，却牺牲在江西保安十八团的枪下。1939年2月24日，保安团司令钟石磐以国共合作的名义，商讨联合出击余家河、马回岭等地的日军为由，一面指派大队长童昌辉带领十二名军官来到赣北工委和赣北抗日游击大队驻地岷山洼里陈举行联席会议；一面派出部分官兵携带武器和铁锹等挖掘工具来到游击队的中队部和小队部，谎称同抗日游击队一道挖掘南浔铁路。此时抗日游击队各中小队的队员经过株岭战斗后，正在休整，除担任放哨的队员外，其他均未做任何戒备。与此同时，保安十八团三个大队乘大雾埋伏在三个游击中队的附近丛林中。以童昌辉、钟文圣为首的十二名军官全副武装来到赣北工委驻地洼里陈村，谎称是受钟石磐委派同中共北工委领导商谈对日作战计划。工委书记刘为泗、工委组织部部长田文灼等领导认为联合抗日为重，真诚地接待了他们。正当赣北工委领导围坐桌前看地图时，童昌辉首先发出信号，其部下向着刘为泗、田文灼背上各开一枪，凶残的钟文圣还对准刘为泗的前脑

连射四枪，刘为泗、田文灼当场身亡。

宣传部部长辛忠荩、妇女部部长徐木秀、经济部部长钱少卿、少共组织部部长张发荣、游击大队长陈立顺等工委领导，有的被当场杀害，有的被逮捕后因拒降而遭杀害，只有在外地执勤的政委李顺希闻讯后率少数队员奔走阳新。三个中队的游击队员在内外夹击、毫无戒备的情况下，或被枪杀，或被缴械。江西保安十八团在抗战初期制造了骇人听闻的岷山惨案。

装备落后的游击队战士与敌人周旋

九江岷山洼里陈村的老村民、老党员陈泽荣深情回忆说，当年中共赣北工委和赣北抗日游击大队驻地就在他家，刘为泗就是在他家的那间老房子里牺牲的。记得小时候，刘为泗的夫人、工委委员、妇女部长徐木秀还抱过他。刘为泗身材高大魁梧，枪法很准，真是一位英雄。他总是打胜仗，半年时间就打死几百个日本兵，如果刘为泗没有牺牲，他领导的抗日游击大队一定会给日军更沉重的打击。

（本文选自寻庐人文网）

上杭双英烈　壮志青史传

——记罗化成、廖海涛烈士

文 / 杭伟史

罗化成是福建上杭人，1927年加入中国共产党，是南阳乡地方党组织创始人，也是当地农民武装暴动领导人。1940年2月20日因心脏病突发，牺牲在江苏省溧阳县（今溧阳市）前马乡水西村抗日前线，年仅四十五岁。新四军军部为他举行了隆重的追悼会，陈毅评价他是“一个最实际的革命人才，是抗战救国中值得全国人民效法的人物，是久经考验的老党员，是经得起考验的革命家”。罗化成在抗日前线是一位杰出的有影响力的爱国将领，早在闽西农民武装暴动时，他就是一位智勇双全的英雄人物。其中1929年7月在领导南阳暴动消灭团防局的行动中，就充分表现了他的神勇。

罗化成

当时驻南阳乡的团防局局长黄霞余，是个无恶不作的地方恶霸。乡亲们提起他，无不恨得咬牙切齿，都叫他“青竹蛇”。红军要来南阳的风声及罗化成的活动，引起了黄霞余等人的恐慌。他们纠集了当地的土豪劣绅在南阳的龙田书院密谋策划，妄图“先下手为强”，先杀了罗化成，以制止农民暴动。

罗化成侦知这一阴谋后，当机立断，决定提前暴动。7月25日晚，他周密地部署好暴动的各项事宜后，立即派人通知各村暴动队星夜赶到南阳集中。正当罗化成和暴动骨干紧急商议行动计划时，只见漆黑的夜幕中，罗化成家的房屋已被烧成火海。暴动队的队员非常着急，纷纷提议先去灭火救人，再来消灭“青竹蛇”。罗化成明白，这是敌人的调虎离山计，他坚定地说：“这是黄霞余一伙的阴谋诡计，我们决不能上当！让他烧吧，革命成功后再盖新的，眼下消灭敌人要紧。同志们，出发！”

深夜，在罗化成的领导下，南阳全区暴动了！三百多名暴动队员身背大刀，手持梭镖、长矛、鸟铳等，以迅雷不及掩耳之势包围了龙田书院。罗化成组织了几名强悍机灵的暴动队员迅速把敌哨兵除掉，率队员冲入大厅。黄霞余惊慌失措拔出手枪，罗化成眼疾手快，一脚踢飞了“青竹蛇”的枪，并立即举枪连发了几颗子弹，把这个罪大恶极的团防局长打倒了。龙田书院里喊杀声响彻夜空，那些平日里横行霸道、凶神恶煞般的土豪劣绅一个个失魂落魄，跪地求饶。

第二天正逢南阳圩日，暴动队员押着被俘的土豪劣绅在圩场上游圩示众。罗化成跃上一片高地，大声向周围群众宣布南阳暴动胜利的消息，并作演讲。在场群众无不拍手称快，情不自禁地跟着暴动队员呼喊口号：“打倒土豪劣绅！建立工农政权！”随后，南阳境内轰轰烈烈的土地革命斗争开展了起来。

廖海涛是上杭著名的革命烈士，溪口乡人，三年游击战争时期领导游击队在本地山区坚持斗争。敌人抓去他母亲、妻子和爱子相逼，要他下山投降，他毫不动摇，被称为“铁石人”。抗战时，他在新四军先后任二支队第四团政治部主任、政委和新四军军部教导队高干队政治指导员、新四军第六师十六旅政委兼苏南抗日根据地军政委员会主任等职。在抗日烽火中，他指挥打仗机智果敢，掌握政策坚定稳妥，表现出卓越的军政兼优品格。特别是他在 1941 年 11 月 28 日的塘马战役——他生前最后一战中的故事，尤为感人至深。

廖海涛

1941 年初，廖海涛担任新四军第六师十六旅政治委员（旅长罗忠毅），兼任苏南抗日根据地军政委员会主任，领导茅山抗日根据地军民，机动灵活，屡挫日军，好像一把锋利的尖刀，插在日军的胸口上。日军大为惊恐，无时无刻不在策划种种阴谋，要把这把尖刀拔掉。

1941年11月28日凌晨，正当廖海涛在溧阳塘马村召集苏南抗日根据地各县的党政负责干部会议时，日伪军三千人马突然袭击塘马，从西北面组成一条半月形的包围圈，借着夜色的掩护，悄悄地向塘马逼近。

塘马村位于溧阳西北约二十公里处的丘陵地带。以它为中心的周围十九个村庄，住着我十六旅旅部、苏南党政机关、茅山四县抗敌总会，以及后方医院、被服工厂、修械所等单位。这时包括在此开会的各县干部，共一千多人陷入了日军的包围圈中。

敌情出现以后，廖海涛和旅长罗忠毅一面指挥阻击敌人，一面把主要干部叫来，部署撤退。当时，十六旅所属的四十六团、四十七团都在别处执行任务，和旅部一同驻在塘马的只有四十八团两个营和旅部三个直属连队，加上地方武装，仅一千人左右，只有敌人兵力的三分之一。

在这非常危急的关头，为了更有效地阻击敌人，掩护旅部机关人员和地方干部突围，廖海涛把自己的安危置之度外，命令旅参谋长王胜和旅政治部组织科长王直负责组织机关人员和地方干部转移，他自己和旅长罗忠毅留下来指挥部队阻击敌人。

当时，王胜、王直等一些干部曾恳切地向罗、廖请求，让他们留下来指挥直属部队阻击敌人，罗、廖立即随机关转移。但罗、廖没有采纳，还严肃地叮嘱王胜、王直说："苏南党、政、军领导机关全在这里了，能否安全突围，关系整个苏南抗日斗争的战局，而且对华中战局，也会产生重大的影响。你们二位的担子重得很！"

王胜、王直走后，罗忠毅和廖海涛立即指挥直属部队与步、骑、炮齐全的三千多名日伪军展开苦战，硬是顶住了敌人从东北、西北、西南三个方面的反复进攻。到上午9时，日伪军已在阵地前丢下几百具尸体，我军的伤亡也不小。这时空中升起信号弹，敌人突然停止进攻。这是他们要组织一场更加疯狂的进攻的信号。廖海涛、罗忠毅担心机关队伍虽然转移出去，但估计没走多远，如不再拖住敌人，还有可能被追歼。于是，他们迅速将队伍撤到了王家庄，以打乱敌人重新进攻塘马村的部署，而自己则可集中兵力形成拳头，继续狠狠打击敌人。

部署好兵力、火力后，罗忠毅对廖海涛说："老廖，你赶快带一部分同志先突围出去，这里有我顶着！"

“不，应该你先走，这里由我来顶！”廖海涛说。

他们两个推来推去，谁也不肯先走。

战斗惨烈地进行着。10时左右，罗忠毅中弹牺牲，指挥的担子全落到了廖海涛身上……王家庄陷入了四面被围的危险境地。廖海涛两眼冒火，哪个方向危急就出现在哪个方向上。这样直打到午后，我军子弹不多了，剩下的人也不多了，廖海涛估计机关队伍已转移了不少路程，便下令突围。突围中，廖海涛带着四五个战士在一座坟包上架起机枪，同时严厉命令其他人员：“快撤！”战士们哭着要求留下也不成。追击的敌人上来了，以扇形队伍包抄进攻，小钢炮、机枪一齐向廖海涛他们压过来。廖海涛带领战士拼死抗击，射手牺牲了，弹药手扛起机枪转移到另一个方向继续射击；弹药手倒下了，廖海涛端起机枪向敌人扫射。突然，一颗子弹打中廖海涛的小腹，肠子都流出来了，警卫员跑过来为他包扎，他吃力地说：“不用包了，你快走，把机枪带上，这是命、命令……”就这样，为保全苏南的党政军领导机关，廖海涛献出了年仅三十二岁的生命。就在他生命的最后一刻，惦记的仍是战友的安全！

罗忠毅、廖海涛的牺牲，不仅在其所在部队，而且在苏南广大群众中引起巨大的悲痛。部队为他们召开了隆重的追悼会，人民群众用各种形式祭奠他们。苏南抗日根据地随即也唱起一首挽歌，歌词是：

朝阳升起在黄金山上，秋风吹起枯草，在晴空中旋扬。

平静的塘马，变成了血腥的战场。

我们的罗、廖首长，身先士卒，英勇顽强，沉着指挥，驰骋疆场。

为了民族的解放，牺牲在祖国的土地上……

（本文由中共福建省委党史研究室供稿）

铁骨铮铮梁永胜

文 / 穆忠德

梁永胜，1901 年生于辽宁营口（今营口市）魏家屯。1921 年，梁永胜来到奉天兵工厂当铆工。1930 年 8 月，梁永胜经奉天特委委员王文德和兵工厂魏国荣介绍，秘密加入了中国共产党。从此，梁永胜在党的领导下，积极开展党的工作，成为中共满洲省委组织部部长杨一辰的得力助手。

1931 年 6 月，在中共满洲省委和奉天市委的具体领导下，被破坏的奉天兵工厂党支部恢复了，梁永胜任党支部书记。1931 年九一八事变后，奉天兵工厂被迫关停。梁永胜带领党员张贴标语，散发传单，还发展吴国发、孙熙风等多人加入中国共产党，使兵工厂党组织不断扩大。为宣传抗日救国，他率领地下党员和进步工人，常到奉天北市场、小河沿、北陵公园和各大工厂附近发放传单，大街小巷都是“打倒日本帝国主义！”“中国共产党万岁！”的标语。

1932 年 4 月，梁永胜在上级党组织的支持下，曾经成功地领导了一次大规模的抢粮斗争。奉天兵工厂粮栈是反动统治阶级盘剥工人血汗的重要场所。平时，以高价赊卖粮食给工人，发工资时扣粮钱，从中剥削广大工人。九一八事变时，日本侵略者封了粮栈。工人失业，无钱买粮，无法生活。梁永胜向上级反映这一情况，并建议组织一次抢粮斗争。经同意后，梁永胜和党员、进步群众分头进行秘密串联，决定在 4 月某日上午 9 时召集工人到粮栈，然后派五名工人代表同日本人谈判，要求开仓放粮，如不答应就砸库抢粮。

这一天上午，成千上万名工人从四面八方涌向粮栈，人山人海，声势浩大。尚未等到谈判，广大工人已急不可耐，他们高喊——“兵工厂粮栈是我们工人的，我们的粮食我们吃，日本人管不着！”“日本人滚出去！”“谁敢开枪就砸死谁！”“抢不成就烧掉它！”后来一名工人大吼一声“抢啊”，工人们便蜂拥而上，

踏破铁丝网，砸开粮栈大门，冲进粮仓，动手抢粮。抢粮消息一传开，人越聚越多，一些原本害怕、犹豫、观望的人也动手了，许多过路群众也纷纷加入了抢粮斗争。日本侵略者调来大批军警，妄图镇压，但不敢开枪。从上午 9 时，一直持续到下午 6 时，整个粮栈三十多个粮仓的粮食全部被抢光。这次抢粮斗争的胜利，震动整个奉天城，显示了中国工人阶级的力量，长了中国人民的志气，灭了日本帝国主义的威风。梁永胜和他领导下的地下党支部全体党员经受了一次锻炼，受到了很大鼓舞，更加坚定了继续领导工人开展反日斗争的信心。

在群众抗日热情高涨的形势下，梁永胜向上级党组织建议，“准备把兵工厂的大批枪支弹药装上十辆汽车，连人带枪运到抚顺和长白山参加抗日游击战争”。为此，他进行了数月的准备，但由于上级组织未批准而没有实施。

1932 年五一劳动节前，中共奉天市委印刷了《告奉天工农劳苦群众》等大批传单，布置奉天市内各基层党支部组织散发。梁永胜接到任务后，立即召开支部会组织党员魏国荣、乔恩普、马同业等人利用农历三月二十八（公历 5 月 3 日）天齐庙会的机会，到庙会上去散发。这天，梁永胜带领魏国荣、吴国发、吴国财、杨书田、张明、刘振东、韩庆升、梁贵喜等人，顺利通过岗卡，进入庙会。中午 12 时许，正值游人最多时，梁永胜发出暗号。霎时，庙会的各个角落散发出宣传抗日和拥护中国共产党的传单，人们争抢着、传看着。混乱中，三名特务紧紧围住梁永胜，他被捕了。梁永胜的妻子、长子和幼子也被抓走了。

梁永胜被捕后，敌人妄图通过他打开缺口，一举破获沈阳地区的中共地下组织。敌人采取用金钱、封官、好吃好喝等手段企图软化他。梁永胜识破了敌人的花招，不为所动。梁永胜的战友乔恩普回忆说：“梁永胜在狱中表现得很坚强，敌人对他使用了各种刑罚。开始给他上两人杠子，之后又四人杠子、八人杠子，上刑后，手指压断好几根，但他始终不承认自己是共产党员。我去看他，他对我说，‘即使敌人打死我，也休想从我口中得到任何东西。’”梁永胜的战友吴国发也在回忆录中说：“梁永胜被捕后，我到狱中去看了他两次。第一次见到他，面容憔悴，脸色蜡黄，得知敌人对梁永胜采用灌辣椒水、灌火油（煤油）等酷刑。我第二次去看他，得知敌人对他用了更加残酷的刑罚——用刀刮肋条。梁永胜身上的肉都翻出来了，两肋上下血肉模糊，惨不忍睹，我忍不住痛哭失声。梁永胜两手用力把住铁栏杆，坚强地支撑着身体，对我说，‘四哥，你放心吧，打死我、刮死我也不出卖你们。’由于梁永胜誓死保守党的秘密，敌人始终未得到证据，因而同时被捕的魏国荣、马同业、乔恩普等不久就以‘证据不足’而被释放。”

敌人捕去梁永胜的爱人和长子梁贵喜、次子梁小庆及未满两岁的小儿子，企图用来软化梁永胜。梁永胜的小儿子入狱不久，由于妈妈上火没有奶水，加之狱中阴暗潮湿，不幸死在狱中。敌人的这些伎俩没有动摇梁永胜的革命意志。后来，敌人见毒计未能得逞，又遭到社会舆论的谴责，不得不释放梁永胜的家属。

梁永胜的爱人前去探监的时候，见丈夫被敌人打得遍体鳞伤、血肉模糊，心如刀绞，悲痛欲绝。梁永胜平静而又坚定地说："不要哭，坚强起来，把孩子抚养大，将来告诉孩子们，记住这个仇恨。"1932 年 7 月，梁永胜壮烈牺牲，年仅三十二岁。

（本文选自《辽宁日报》）

英雄邱子华血洒上虞郑家堡

文/赵　畅

1945年2月21日，驻守浙江上虞百官、梁湖的伪军第三十六师一六二、一六四、一六五团及补充营、特务营四千余人，倚仗人多势众，在日军的督战下向我浙东新四军发起进攻，一度围攻上虞城。不久，我浙东游击纵队在何克希司令员的指挥下，一举击溃了敌人。此次胜利受到苏浙军区司令员粟裕、政委谭震林通令嘉奖。

此次胜利，与一位被誉为“忠诚于革命与解放事业的共产党员”的英雄紧紧联系在一起，本文讲述的就是他的故事。

除奸科长

邱子华1915年出生，福建上杭人。1929年6月，毛泽东、朱德、陈毅领导红四军挺进闽西，邱子华加入了儿童团，承担起站岗、放哨、查路条等任务，很快又加入了共青团，并于1932年成为中国共产党党员。随后，他参加了工农红军，1936年编入张鼎丞、谭震林领导的“闽西南人民抗日义勇军”。

邱子华

全面抗战爆发后，闽西人民抗日义勇军改编为新四军二支队，邱子华任连政治指导员。皖南事变发生后，他虽与部队失去联系，但依然率十八名战士争取当地群众的支持，半月后终于赶上部队，受到军部首长的表彰。1944年7月，他转任江苏茅山（今镇江市）专署公安局局长，从事除奸工作。1944年9月，邱子华奉调任浙东游击纵队政治部除奸科长、党训班副主任兼组织科长，其严谨细致、任劳任怨的出色工作，受到了纵队政委谭启龙的高度评价。

请缨上阵

1945 年 2 月 20 日那天，浙东游击纵队司令部得到侦察员情报：日伪军第三十六师师长陈桐率所属三个团及补充营、特务营四千余人，携带近百挺机枪、两门大炮窜入上虞境内，企图占据上虞城及章镇、汤浦据点。章镇、汤浦，当时是国民党挺进五纵队的驻地；上虞城由挺进四纵队控制。自 1943 年秋浙东第二次反顽自卫战争结束以来，浙东游击纵队与国民党挺进四纵、挺进五纵两部，一时相安无事。次日，浙东纵队领导又得到情报，伪军三十六师分兵攻击章镇、汤浦遭挺进第五纵队激烈抵抗；日伪师长陈桐随即率主力包围上虞城，占据城外制高点。下午 1 时开始攻城，并进入城西北，占领湖塘下、竺郎畈、毛竹蓬、谢家一线，形成三面包围之势。挺进四纵队见状，赶紧关闭城门。当晚，日伪军赶制十多架攻城长梯。城内，居民一时陷于恐慌混乱之中。即便是守城的挺进四纵队官兵，也成了惊弓之鸟。

为解上虞城危情险势，浙东游击纵队司令部连夜召开紧急会议。司令员何克希亲自主持会议，与会人员具有高度的政治觉悟，大家一致赞成出兵救援，以解上虞城之围。何克希刚刚作完简短的战前动员讲话，邱子华就急匆匆赶到何克希面前说："我们几名政工干部，请求到前线去做现场鼓励，这也是我党我军的优良传统，请首长批准！"何克希迟疑了一下后，即予批准。

何克希

22 日早晨，部队出发。在行军路上，邱子华发现何克希只佩戴一支短枪和一名警卫员，于是，赶紧跑到司令员面前说："司令员，您的警卫力量太薄弱了。就警卫工作的要求来说，应该加强。"何克希却心不在焉地一边点头，一边急着赶路。

为了确保首长的安全，邱子华与其他战士一起，主动承担起保卫司令员安全的任务。

血洒沙场

午后1时，何克希所率部队赶到了上虞城北郊。这时，据侦察兵报告：日伪军一部已进到北门外王家村，有的正在吃饭，有的忙着抢劫老百姓的财物。何克希让先遣部队吹响军号，发动迂回攻击。因为日伪军事先没有防备，被我部一阵突袭，顿时仓皇溃退。其中有几个日本兵见脚下是连片的枯草地，便点燃了这些枯草，试图阻止我部队进攻。正是寒冬，百草枯黄，一时间，地里的枯草连着一些坟头周围的枯枝残叶也一齐燃烧起来，火焰浓烟炙人呛人。邱子华对身边的战友们说："考验我们政工干部的时刻到了，要鼓励战士们英勇杀敌。"接着，他又向身边的战士们大声喊道："跨过火海去，敌人就在前面。"然后奋不顾身地冲进火海。他的举动激励了广大战士。大家脚踩野火扑向溃逃的敌人，同时迅速占领城西北郊竺郎畈山头。敌军被迫逃窜到四十里河南岸。这里有一股日军据守在郑家堡山头，企图掩护其他同伙撤退。由于这股敌人有重型武器，一时间，敌我双方呈现胶着状态。

邱子华和战友们说："如此下去，待敌军援兵一到，我军会很被动。不能再这样对峙下去了，要赶紧想办法予以攻克。"他带着一个战士，匍匐通过密密麻麻的灌木丛，迅速攀登到一个制高点。在那里，他将观察到的敌情让战士攀下岩壁报告给何克希，自己则居高临下向敌人机枪手射击，以吸引敌人的火力。他向敌人开枪的时候，敌人也发现了邱子华。为了让大部队从正面攻上山头，邱子华坚持一手攀着岩石一手持步枪向敌人射击。敌人见状，迅速将机枪对准邱子华，罪恶的子弹击中了邱子华的身体。

邱子华虽然牺牲了，却为部队赢得了宝贵的时间。战士们则趁着敌人机枪火力被吸引的时机，迅速占领了另一处制高点，缴获了敌人的机枪。敌军再也招架不住，纷纷抱头往梁湖、百官逃窜。战士们乘胜追击，一直追到下午4时，将敌人大部歼灭。

邱子华牺牲后，梁弄人民以极其沉痛的心情安葬了他的遗体。墓碑上，刻着克希司令员亲笔撰写的碑文："一个忠诚于革命与解放事业的共产党员邱子华。"

（本文选自《人民政协报》）

血洒秃头山　忠魂育后人
——抗联二路军第二支队长王汝起

文/韩　涛　齐兴亚

王汝起，于1932年秋组织起“红枪会”，反抗日本帝国主义的侵略。1933年加入救国军，任第八团团长。1935年2月编入抗联五军，同年冬加入中国共产党。历任东北抗日联军第五军第二师副师长、第七军第一师师长、第二路军第二支队支队长。1940年3月牺牲，时年三十五岁。

组织“红枪会”，抗日救国

王汝起，曾用名王坚，1905年生于山东黄县。父亲是织布工人，虽有手艺却难以养家糊口。在黑暗的旧社会，王汝起也同无数的贫苦子弟一样，虽然到了读书年龄，但没钱进校求学。他七八岁时，就开始帮助家里种地，十二三岁时，就去给地主家放猪、放牛。后来因其父被解雇失业，再加上连年灾荒，捐税如麻，使得他家的生活变得更加艰难困苦。

王汝起

1923年，他的家乡发生特大水灾，哀鸿遍野。全家只好背井离乡，逃荒到黑龙江省，在宁安县（今宁安市）长岭子落户。在那里，他们刨了两垧荒地，生活才算有了一丝希望。这时王汝起暗下决心，一定要凭自己浑身力气和一手好庄稼活，干出个好日子来。

1931年，日本帝国主义发动了侵华战争，第二年占领了宁安县。侵略者到处烧杀淫掠，无恶不作。王汝起创建家业的理想也随之破灭。有一天，他父亲借别人家的马车去卖柴，走到半路遇上日军抓车，马惊了，他父亲被轧死在车下。国难家仇接踵而来，更加激起王汝起对日本侵略者的刻骨仇恨。他满怀强烈的爱国心情和复仇愿望，决心为把日本侵略者赶出中国而战斗到底。

王汝起没有文化，没打过仗，但在组织队伍方面却很有门道。最初，他利用传统的农民结社的方法，走亲访友，组织农民。1932 年秋，他在宁安西北区，组织了几十人的“红枪会”。他向会员们宣传说，“只要抗日心诚，不怕死，就一定会赶跑日本军”，以此来鼓舞会员们的抗日斗志。

队伍组织起来以后，主要的问题是没有枪。刚开始一支枪也没有，所谓的武器，只是一些大刀、扎枪等。后来，王汝起在阎家油房弄来一个两人抬的土炮和一个洋炮。他带领队伍，以仅有的土炮和洋炮，先缴了本村自卫团的械，从而获得了一些枪支。有了枪，他们心里有了底，胆子也就壮起来了。因此，他们开始想找日军较量较量。正好有一部分日军在南湖头修筑铁路。王汝起觉得这是个好机会，决定去攻打这些日本侵略军。但他又想，日军枪械精锐、气焰嚣张，用土枪、土炮难以取得胜利。于是，他决定以智取胜。他指挥队伍先悄悄地包围了敌人，然后突然放响土炮。土炮一响，日军惊恐万状，都趴在地下不敢抬头。这时，王汝起趁机带领队伍猛冲上去。敌人被突然袭击打得措手不及，乱了阵脚，纷纷溃逃。七个日军被打死，会员们却无一伤亡。同日军首次交战就取得了胜利，使王汝起和会员们十分振奋。接着他又带队截击了敌人的汽车、攻打了宁安县城，在由敦化去图们的铁路线上，还伏击了日本的列车。他们打死了不少日本兵，缴获了十多支枪，还活捉了敌军五人。一连串的胜利，使“红枪会”威名远震。这以后，很多有志抗日之士，都纷纷前来投靠，队伍很快发展到五百多人。

这时，东北人民的抗日武装斗争如燎原烈火，燃遍白山黑水。面对这大好形势，王汝起感到单靠“红枪会”是不能赶走日本侵略军的，只有组成强大的抗日武装力量，才能取得最终的胜利。于是，1933 年他率领“红枪会”加入了救国军第三旅，编为第八团。他任团长，率队活动在以镜泊湖为中心的宁安、敦化、额木等地，不断地打击日军。不久，由于艰苦的环境和日军的残酷“讨伐”，救国军先后溃散。一些自发参加救国军的队伍，有的投降，有的解散，有的占山为匪。但是，王汝起没有被吓倒，仍然带领队伍坚持着反日斗争。正当王汝起孤军作战、四处无援时，1934 年 2 月，共产党领导的绥宁反日同盟军组成，王汝起如鱼得水，率领队伍加入了同盟军。在同盟军领导下在吉东、东满等地活动。1935 年 2 月，东北反日联合军第五军成立，王汝起所率部队被编为第一师第三团，他任团长。从此，他在党的直接领导下，走上了新的抗日救国道路。

加入中国共产党，以党的利益为先

在党的领导教育下，王汝起的眼界大为开阔，思想发生了质的变化。过去他认为，在中国这块土地上，只要有一支强大的抗日队伍就一定能赶走侵略者。但是，怎样组织强大的队伍，用什么方法去救中国，这些他还不清楚。是共产党的抗日民族统一战线政策，给他指出了一条广阔的抗日道路。他看到了党不仅重视各种抗日武装，而且非常重视组织抗日民众，这样就使抗日斗争有了广大人民的支持；他看到了一种崭新的方法去组织领导抗日队伍，用革命的理论教育干部和士兵，就能极大地提高部队的战斗力；他看到了党不只是领导民族的抗日斗争，同时还领导一场解除亿万人民身上枷锁的深刻革命。这使他渐渐地认识到，在共产党人的身上有一股巨大的力量，这种力量才是抗日胜利的真正希望。从此，他开始信仰马列主义，拥护党的主张，渴望能够早日成为一名共产党员。

从这以后，他开始学着用党的主张和思想建设队伍，强调服从党的领导，教育战士们严守组织纪律。同时，他还用共产党员的标准要求自己，同战士们衣食平等、同甘共苦。经过党的领导和教育，王汝起和他所带领的队伍，从思想上和组织上都有了一个新转变。1935 年 4 月，他率队在庙岭击溃了数倍于己的日伪军，击毙日军七名，打伤十二名，获枪七支。仅一年时间，他率领队伍与日军激战数次，给日伪军以沉重打击。在抗日斗争中，王汝起沿着党指引的道路，由一个普通的农民成长为一名优秀的军事指挥员和坚强的革命战士。1935 年冬，王汝起同志经团政委伊俊山同志介绍，光荣地加入了中国共产党。他坚定地向党表示，要“为民族解放流尽最后一滴血”。

王汝起同志入党后，更加努力地为党工作。他没读过书，不识字，党的文件看不懂，计划、报告也不会写。因此，他下决心学习文化。他身上总是带着纸和笔，不论是行军途中还是作战间隙，只要有空就读、就写，并且虚心向别人请教，不耻下问。经过一年多的学习，他掌握了两千多字，能够写简单的作战计划和工作报告，可以阅读文件和书报了。这以后，在党的文件和革命书刊的启发引导下，他的思想境界更加开阔，如登高山之巅，看得更高更远了。

为了更好地为党工作，一心一意地进行抗日活动，他把爱人和孩子送回山东老家。同时，他又动员自己的二弟参加了抗日联军。

王汝起同志把党的利益看得高于一切，在任何情况下，都能自觉地、坚定地维

护党的利益。1936年冬，一天，王汝起带领三十多人去执行任务，队伍行至洋草沟，天刚蒙蒙亮，村里自卫团看不清我方是什么队伍，顿时慌乱起来。自卫团先开了枪，王汝起的二弟不幸中弹牺牲，王汝起万分悲痛。当自卫团认出是王汝起带领的抗日队伍时，便马上停了火，自卫团长跑到王汝起跟前慌忙道歉，说他们不知道是抗日的队伍，错把王汝起他们当成了土匪。战士们胸中燃起为王汝起二弟报仇的怒火，举枪非要击毙自卫团两个人不可。这时，王汝起满怀悲痛心情，上前制止住了战士们。他知道，自卫团是党要争取的对象。他从维护党的抗日民族统一战线政策出发，说服了自己的战士。他向战士们讲："中国人不打中国人，这一下少了三个中国人，减少了抗日力量。"接着他向自卫团宣传党的抗日方针，劝他们协同抗日联军共同打击日本侵略者。他的这一行动，对自卫团的士兵教育很大。他们看到王汝起这个抗日联军的团长，为了抗日不计私仇，深受感动。一些人表示坚决打击日本侵略者，有的人当即要求参加抗日联军。这件事在队伍中影响很大，同志们都钦佩他那种顾全大局，时时处处以党的利益为重的高尚品德。

率部英勇击敌，壮烈牺牲

1935年开始，日军对宁安地区实施更加残酷的"围剿"。在军事上采取了长期的不间断的"讨伐"，大批"讨伐"队经常活动在游击区和交通要道，对抗联部队进行大规模的进攻；在经济上实行封锁政策，不准群众给我军送衣送粮，不许商店多卖一尺布、一斤盐。同时在宁安各村屯以抓"共产党"和"反满抗日分子"为名，大肆抓人；还强迫各村百姓修筑集团部落，妄图使我军无衣无食、无处住，困死在山里。在这种形势下，根据吉东特委的提议和1935年游击活动的经验，1936年1月20日，五军党委特别会议决定：五军主力部队向中东铁路道北转移。王汝起同志率三团同军部一起，为策应、掩护一、二师主力部队向道北转移行动，在道南加紧活动。4月间破坏了宁安卧龙屯集团部落，并将马莲河自卫团缴械，得步枪四十余支，枪毙了叛徒苗德才和一个特务。5月间在宁安烟筒沟伏击了伪森林警察队。6月在三道河子缴了伪军一个连，得步枪百余支，机枪两挺、子弹四万余发。然后在王效明等同志率领下开始向道北转移。8月间到达牡丹江地区。三团在王汝起、伊俊山同志率领下，9月从牡丹江南岸过江北，在当地群众和反日山林队协助下，在贝家烧锅、大注、洋草沟等处与日军接触，给敌人以打击。9月末又与由五虎村横渡牡丹江的二军二师五团返回宁安地区共同活动，进出于海林西北各地。

1937年2月以后，除道南部分留守部队外，五军各部队先后都集结在牡丹江地区。4月间王汝起同志率三团和方振声团长率领的二军二师五团一起，从道南来到牡丹江地区三道通。在整顿队伍之后，王汝起同志调任五军二师副师长。他同师长王光宇同志一起，率领五军二师四、五团活动在依兰、桦川、富锦、宝清、同江等县，与日伪军进行英勇的战斗。

王光宇

1938 年 1 月，为了加强抗联七军的领导力量，王汝起同志被调到七军，任一师师长。这时，七军在日军奸细的离间破坏下，二团部分人产生了动摇；二师师长邹其昌也勾结日本特务企图叛变。王汝起到七军一师后，经过调查研究，马上着手整顿队伍。他不断教育干部、战士，坚定大家的抗日信心，努力清除军队中的动摇情绪。同时，他在生活上关心战士们，在战斗中身先士卒。在他的努力下，一师很快地扭转了局面，全师士气为之大振。与此同时，他同二师师长邹其昌进行了坚决的斗争，粉碎了他们的叛变阴谋，并帮助二师整顿了队伍，从而巩固、加强了抗联七军这支抗日武装力量。

1939 年 3 月，七军党委于虎林土顶子召开会议，王汝起被选为军党委候补委员。这时，日军加紧进行归屯并户和经济封锁，断绝我军同人民群众的联系和经济来往，企图把我军消灭在他们包围圈里。敌人的这些毒辣手段，使抗日联军所处环境更加艰苦起来。当时，部队遇到的突出问题是没有粮吃。为此，王汝起分析了当时的形势，经过周密的研究，决定冲出敌人的包围，到抚远地区开辟新的游击区，解决吃粮问题。他亲自率领一师部分队伍，向抚远、同江等地挺进。队伍开到窝通，首先打下窝通警察所，接着攻进果夫镇，后来又袭击了敌人的交通船。这接连不断的胜利，使敌人大为惊恐，马上派出大批兵力前来“围剿”。敌兵驻扎在杨木林子。王汝起带领队伍住在距敌十多里的一个小村庄，密切地监视着敌人的动向。敌人有一百多人，而我军只有敌人的一半。王汝起通过向群众了解，掌握了敌人的情况，决定利用敌人的麻痹思想，以少胜多。一天夜里，王汝起带领队伍突然攻进杨木林子，使熟睡中被惊醒的敌人惶恐万状，乱作一团。王汝起乘此机会，指挥战士们勇猛冲杀，很快就把这股敌人全部消灭了。缴获了五十多支步枪，打了一个漂亮的歼灭战。

杨木林子战斗刚刚结束，王汝起又带队去攻打抚远的抓吉镇。抓吉镇三面环水，只有一条路通往镇里，镇内敌人兵力集中，再加上对敌人兵力部署和地理情况不熟，硬攻是很困难的。王汝起先把队伍带到离镇三十多里的一个村子里住下，然后向群众了解情况，再和同志们研究作战方案。群众反映抓吉镇周围水多，经常出现大雾。这对王汝起启发很大，他想利用大雾作掩护，把战士们悄悄带到城下，然后突然攻城，使敌人措手不及，这样就会减少攻城的困难。于是，他决定借雾攻打抓吉镇。一天早晨，大雾弥漫，远山近树都被遮住了，这是攻城的好时机。王汝起集合队伍马上出发，直奔抓吉镇。可是，当队伍走到半路时，大雾却消散了。这时离城只有十多里路，很容易被敌人发现。怎么办，是进是退？大家都焦急地看着王汝起。王汝起思考一下，立即选出二十多个小伙子组成“奋勇队”，换上伪军服装，高举着伪满洲国旗，向抓吉镇大摇大摆地走去。王汝起带着队伍顺利地进了城，直奔警察所。愚蠢的敌人丝毫没有发觉，直到手中的枪被缴去的时候，才发现上了当。但是已经晚了，三十多个警察全被缴械，两个日本兵被打死。抓吉镇就这样被轻松地拿下了。

这些胜利，鼓舞了人民群众的斗志。他们冲破敌人封锁，送衣送粮，支援抗联队伍。敌人“围剿”我军的计划再次破产。

王汝起到七军两年多的时间里，他率领一师的全体战士，在日伪军残酷的“围剿”面前，顽强作战，英勇斗争，转战于饶河、虎林、抚远、同江、富锦、宝清等地，进行了无数次战斗，狠狠地打击了敌人。

1940 年春，抗联七军改编为东北抗联第二路军第二支队，王汝起任支队长。从此，王汝起和政委王效明带领二支队全体战士，在敌人严密封锁、军需供应几乎断绝的情况下，克服重重困难，以顽强的革命精神，转战于乌苏里江左岸，穿梭于完达山脉之间，继续进行艰苦的抗日斗争。

同年 3 月 21 日，王汝起率领四十余名战士前往大带河袭击日伪军伐木场。战斗前，他选择了有利地形，作好了战斗准备。战斗一打响，王汝起奋不顾身，率领队伍英勇杀敌。激烈的战斗持续了一天，数倍于我方的日伪军死伤惨重，我方还缴获了两挺轻机枪。但是，就在战斗接近胜利的时候，王汝起不幸中弹，壮烈牺牲。

战士们含着热泪，把烈士掩埋在战地的山坡上。全支队干部和战士都为失去这样一位好同志、好领导而万分悲痛，人们深切怀念王汝起同志。在部队印发的《哀悼王汝起同志》一文中写道：“我们全体将士及饶河一带之民众听说王师长阵亡，没有人不痛惜我中华民族最优秀的子孙。他是一个智勇双全的抗日战将，他是一个精忠报国的民族英雄。他作战非常勇敢，什么时候都是站在最前线上，他领导了无数次之胜利战斗。然而他如今已牺牲了，这不能不是东北抗日的一大损失。”“王汝起虽死，但他的事业，在中华民族解放运动的历史上，是永久光芒万丈、永垂不朽的。”

（本文由牡丹江市博物馆和烈士纪念馆管理处供稿）

含山县龙华烈士王再生

文 / 马定荣

龙华千古仰高风，壮士身亡志未穷。

墙外桃花墙里血，一般鲜艳一般红。

这是一首广为流传的诗，曾被当作烈士遗作，编入《革命烈士诗抄》。其实，作者是曾任安徽省委书记的张恺帆同志。该诗写于 1933 年底或 1934 年初，当时作者在龙华坐牢，为了瞒过敌人，自我保护，身为安徽无为人的作者说自己是安徽省含山县运漕镇王家庄人，这当然是革命策略。不过，作者恐怕没有想到在他写这首诗之前的六七年，就是在同一个地方，关押过一位含山县的革命烈士，他的家乡就在含山县运漕镇附近，他就是沪宁工人运动的先驱、大革命时代的弄潮儿——王再生。

王再生原名王继香，又名王湘，1903 年 3 月 17 日生于含山县南乡长岗集山王村的一个雇农家庭。

王再生从九岁起，先后在当地私塾和小学读书。1922 年 3 月小学毕业后，考入芜湖安徽省立第二甲种农业学校（以下简称“二农”）读书，更名为王湘。二农的前身是安徽公学，陈独秀、柏武烈曾在此任教。改建二农后，校长、教员大都是辛亥革命时期的思想激进分子。当时二农的声援五四运动、响应全国对中日直接交涉山东问题而举行的罢课、迫使芜湖商会长在不购日货保证书上签字、支援安庆六二学潮、驱逐省长李兆珍运动、支援黄包车车夫大罢工等学潮，王再生都参与其中。时代的前进与发展，推动王再生开始思考人生的价值。他鼓励未婚妻冲破封建藩篱，读书识字，将来好从事社会工作；他鄙视为富不仁，认为“发了财，做了地主也不过是守财奴”；他崇拜新文化运动中的李大钊、陈独秀、恽代英，宣传他们的事迹。

这时的王再生已是一个敢说敢为的人，他痛恶当时的社会，同情贫苦人民。每次假期回乡，对穷苦乡民都解囊相助，对受地主欺侮的穷乡亲，乐意出面代鸣不平。他曾帮助过一个“结巴子”穷人打赢了官司，为穷人伸张正义，深受乡亲欢迎。还有一次，王再生为穷人到县里打官司，财主坐了轿子，穷人也为他准备了轿子。王再生坚持不坐，他说：“都是穷苦人，哪能把哥们儿当牛马？”当时一些乡亲遇有难事，常求他出面帮助。

1921 年 7 月，中国共产党成立。安徽军阀芜湖驻军压制学生运动，加强对芜湖各学校的控制。王再生以无情鞭挞旧社会的革命精神，积极投身于宣传新文化、新思想的爱国运动，从而触怒了校方。一天，校长突然将王再生喊到校长室训话，要他保证以后不再有“越轨”行为。王再生据理力争，驳得校长理屈词穷。校长恼羞成怒，便指使亲信将王再生推出校长室，并打伤他的眉骨。王再生在忍无可忍的情况下，打破了校长室的门窗玻璃，被开除出校。王再生回家后，妻弟李永格问他为什么不能忍让一下，他愤然答道：“对于为虎作伥的人，掉脑袋也不能让他。”王再生虽然被开除，但仍不放弃他的信仰，继续活动于芜湖、运漕、含山、合肥等城乡，与伙伴们一起宣传反帝反封建的爱国思想。这种执着追求进步的精神，对他以后的革命活动有着重要的影响。

1922 年 3 月，王再生通过同学关系赴南京，于次年进入钟英中学读书。此时，王再生的家境日趋窘迫，无力缴纳学费，在校生活十分艰苦，别人不吃的菜他吃，别人丢弃的旧鞋，他捡回家缝补好带到学校去穿。他常说：“现在不同别人比吃穿，要同别人比学习。”这种生活处境不仅培养了王再生吃苦耐劳的品质，而且增进了他对贫苦人民的理解与同情。

1923 年，中国共产党与国民党进行了第一次合作。在南京的国民党“左”派与共产党员、共青团员思想非常活跃。王再生在革命形势推动下，与同学吕文远等许多革命青年一起畅谈革命，探索真理。1925 年 3 月 12 日，孙中山先生在北京逝世，南京的国共两党联合发动社会各界举行追悼会。4 月，恽代英受中共派遣以国民党上海执行部代表身份，从上海来到南京，与地方党组织一起领导这场纪念活动。王再生耳闻目睹，深受恽代英的影响，与吕文远等在钟英中学组建了国民党区分部，团结了一大批青年学生，组织了进步群众团体协进社，出版《协进》期刊。王再生还购买了《向导》周报、《中国青年》《共产党宣言》、鲁迅著作等大量进步书刊阅读。他深有体会地说：“新三民主义好，共产主义比新三民主义更好，列宁比孙中山更伟大，共产党比国民党更革命。”“要革命，必须参加革命党，为工农利益，为共

产主义而奋斗。”

1925年上海发生五卅惨案后，南京各界随即爆发广泛的反帝爱国运动，王再生在斗争中表现突出。1925年7月，他由河海工科大学学生、共产党员严绍彭（严希纯）介绍加入中国共产主义青年团，随后被派往浦口铁路工会任秘书，主持工会日常工作。在此期间，王再生组织工人上夜校，宣传组织工会的道理。为给工人讲课，他自编了两本讲稿，其中一篇题目叫《我》，分析与批判“为我”是一切不合理制度的罪恶根源，批判私有财产的产生、积累，阐述无产阶级的兴起、工人先锋队的作用。这种深入浅出、理论联系实际的讲课深受工人欢迎。1925年9月，中共南京浦口地委书记吴芳根据王再生的表现，介绍他加入中国共产党。从此，王再生结束了学生生活，从事革命工作，改名王再生。

1926年4月，因革命斗争形势的需要，中共南京地委建立经济斗争委员会，推选王再生等为委员，参与负责下关地区工人运动。5月初，他在浦镇铁路工会活动引起军阀的注意，南京下关龙江桥五卅工人学校教员、共产党员邵世珍被捕，南京地委及时调王再生到五卅工人学校工作，以加强下关工人运动的领导。为了筹措经费，王再生和张宏光等六人曾返回家乡，在含山、和县主要集镇和较大村庄殷实富户的开明人士中进行募捐活动。经过半个多月的努力，筹集了一笔经费，返回南京。由于王再生一心扑在革命工作上，积极肯干，善于接近工人群众，很快在下关黄包车工人中建立了党的支部，在沪宁铁路南京机务段工人中办起了夜校，在英国领事馆也建立了一些革命关系。1926年夏秋，五卅工人学校、南京机务段工人夜校被军阀搜查。中共组织考虑王再生的安全，根据南京地委介绍与上海区委7月30日的研究，决定调王再生等去上海工作。在他离开南京时，一些工人和五卅工人学校学员依依不舍地到火车站送行。

王再生等三人到上海后，通过上海大学和商务印书馆中共组织，很快联系到了中共上海区委。上海区委书记罗亦农分别与他们谈话，并决定让王再生以中共秘密交通员的身份到吴淞机器厂担任领导工作。

此时，国民革命军已向两湖、赣浙胜利进军，孙传芳在上海的统治已摇摇欲坠，中共上海党组织领导工人反军阀斗争空前高涨。1926年10月10日，全国铁路总工会在上海马霍路（今黄陂路）一个弄堂召开上海地区铁路工人代表会议，传达上级党组织号召工人阶级支援北伐军的指示。王再生代表吴淞机器厂工会出席了会议，在会上汇报了吴淞机器厂工会组织友谊社进行反帝宣传教育工作和取消“头目钱”的罢工斗争情况。同月16日，上海总工会又召集各厂负责人出席了会议。会后，铁路系统的中共秘密组织召开铁路各支部骨干紧急会议，王再生传达上级关于“破坏沪宁铁路，断绝军阀孙传芳后方军事运输三天”的密令，并指出这是为了配合北伐军在江西前线的总攻击，为上海工人武装起义创造条件。会上有人提出困难，王再生强调说，这是中共中央的决定，应无条件地接受。会议详细讨论了分组行动、对付敌人巡逻与工具准备方案。21日，王再生、孙津川根据会议分工带领五名工人前往镇江西扬旗外拆毁铁路，完成任务后连夜返回上海。23日清晨，传来孙传芳开往江西的军运列车在镇江翻车的消息，全厂工人为之雀跃。事件发生后，吴淞机器厂厂长英国人莫尔维与军阀串通一气，强制机器厂工人携带救援吊车到镇江抢救。工人软扛硬拖，三天后才修复通车，圆满地完成了上海区委部署的任务，支援了上海工人斗争。

1926年10月23日，上海工人举行了第一次武装起义。之后，孙传芳在上海的代理人李宝章出手，查禁进步刊物、进步团体，逮捕革命群众。王再生的处境十分艰难，躲避到英租界爱尔静路锡兴里五号，经常通过化名改装往返市区与吴淞之间进行工作。

1927年1月，中共南京地委建立职工部职工委员会，王再生是委员之一，同时任沪宁路党的负责人，频繁地活动于沪宁线一带，往返于上海、南京之间。1月22日，王再生起草了《1927年1月至2月份沪宁铁路工作计划》，明确提出了“在群众中建立中国共产党独立政治宣传，是我们目前最紧急的工作”“要在极短的时间内建立铁路工人运动委员会；上海、常州、镇江、南京等较大的车站最低限度成立中国共产党支部，最高限度全线各站都成立中国共产党支部，作为全线工人的领导核心”。28日，上海区委主席会议决定派孙津川、王再生等九人参加全国铁路第四次工人代表大会。2月16日至21日，全国铁路第四次工人代表大会在汉口老圃内新舞台正式召开，王再生作为沪宁路的代表，化名王哲僧以扳道工身份参加了会议。代表大会决定全国铁路工人一致支援北伐。会后，王再生到南京传达代表会议精神，指导南京铁路工人运动。3月12日，沪宁铁路总工会成立。13日，王再生响应沪宁铁路总工会的破坏南京至镇江铁路的号召，阻止军阀孙传芳的军事运输，配合了上海工人正在举行的第三次武装起义。

3月下旬，由于上海工人第三次武装起义的胜利，为加强上海铁路工人工作，王再生由孙津川召回上海，参与沪宁、沪杭甬两路总工会成立的筹备工作。3月28日，沪宁、沪杭甬两路总工会成立大会在闸北湖州会馆召开，到会代表八十余人，孙津川、丁继曾、王再生三人被公推为主席团成员。全国铁路总工会代表王荷波、

上海总工会代表李泊之分别在大会上作了报告。大会选举委员十八名，王再生为其中之一。两路总工会为了更好地指导铁路工人革命斗争，决定建立吴淞机器厂等七个分会。当日，两路总工会向两路全体工人发表宣言，指出："两路工人要服从工会的统一领导，向分裂工会的一切行为做斗争。" 4 月 5 日，王再生受沪宁铁路总工会的委托，在吴淞机器厂分会第二次执行委员会上，报告了沪宁铁路总工会领导的两路工人参加上海第三次武装起义及总罢工的情况，表彰了吴淞机器厂在上海第三次武装起义总罢工中所起的先锋作用。

四一二政变后，国民党二十六军于 4 月 19 日查抄了闸北恒通路南梅园路一号两路总工会会所，缴去枪械七十余支、弹药三箱，逮捕总工会委员和工作人员十七人。王再生因外出没有被捕。之后，王再生根据党的指示，回家暂避。

不久，王再生不顾妻子多方劝阻，坚持回沪投身革命工作。他大义凛然地说："为人在世，总有一死，碌碌无为而生，生有何意；为革命而死，死了也是光荣的。"王再生回到上海后，继续领导吴淞机器厂工作。没几天，他接到组织的通知，组织了沪宁路沿线和上海地区几千名铁路工人联名上书两路局长，提出启封工会、释放被捕工人和赔偿损失等要求，斗争获得了胜利。

1927 年 4 月 18 日，蒋介石在南京国民政府成立典礼上的就职宣誓，表示了"反共"到底的决心。上海的"白色恐怖"也更加严重，每天都有革命者失踪、被捕、牺牲。王再生的父亲、妻子闻讯后，派妻弟李永格带家书一封，专程赴沪劝其返乡。但王再生仍以革命为重，他说，干革命不能怕死。为了安慰父亲和妻子，王再生于 6 月 21 日给妻弟李永格写了家信，托词经商，隐瞒真情。信中写道："欲补金瓯之缺，扫除舶来品之充斥，拯救平民啼饥号寒之痛苦，舍斯途而莫由，此愚见经营商业，忍饥受苦者此也，非无的放矢，而有其他意图耳。"铿锵言辞，可窥其宏图大志。同年 6 月底，由于叛徒告密，王再生在吴淞被上海警备司令部秘密逮捕，化名李廷汉。在监狱中，王再生面对老虎凳、辣椒水、红烙铁等酷刑毫不畏惧，表现了共产党人不可征服的钢铁意志。敌人经过两个多月审讯用刑，得不到一言半语。8 月底，王再生在龙华被秘密杀害，年仅二十四岁。

[本文选自《安徽文史资料（巢湖卷）》，有删节]

汪石冥烈士的故事

文 / 陈维灯

汪石冥，1900 年出生于南川县腰子乡（现为重庆市万盛经济技术开发区黑山镇），1926 年春加入中国共产党，任中共南川支部宣传委员，国民党（左派）县党部常务执行委员兼宣传部长，是南川早期马列主义的宣传者和组织者之一，参与和领导了第一次国内革命战争时期南川的革命活动。1927 年春，南川农民武装暴动失败后，经中共重庆地委派遣去武汉工作。1928 年 3 月，在两湖暴动中被捕，12 月 10 日牺牲于汉阳。

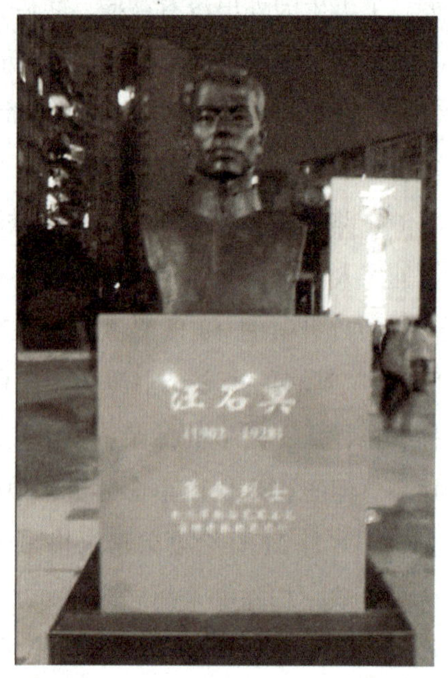

汪石冥

请乞讨人吃饭再送两升大米

八岁汪石冥就是个热心肠

故事发生在汪石冥八岁那年。

一天，年幼的汪石冥放学回到家中，父母外出劳作未归。于是，他就坐在院子里看书，正看得入神时门口突然一阵狗吠。诧异中，汪石冥放下书本，跑到门口查看，只见自家的大黄狗正对着一位衣衫褴褛的妇女吠叫着。那位妇女手拿一个破碗，被大黄狗一阵吠叫后，正站在原地不知所措。

见此情景，汪石冥急忙制止大黄狗，跑到跟前问道："孃孃（即阿姨），你怎么了？"原来，这名妇女的丈夫当兵去了，但一去却杳无音信。她无粮交租而被逼退佃，生活无着落，只得流浪乞讨度日。此时，她正想进汪石冥家里讨点饭吃，不料

被大黄狗拦在门外。知晓缘由后，汪石冥急忙将妇女请进家中，并为她盛上了米饭，待妇女吃饱后，汪石冥又舀出两升大米送给她。

妇女拿着米却怯怯不敢出门，怕大黄狗，于是，汪石冥又将妇女护送出门。见汪石冥小小年纪竟如此通情达理，那位妇女连声道谢说："你真是好人啊！"

为假人看病还要开处方，汪石冥传播先进思想生动形象

时间如白驹过隙，转眼来到1926年春天。

这天，适逢乡里赶场，场镇上人来人往，好不热闹。这时，只见场镇一处大的坝子上，里三层外三层地围满了人。有外围挤不进去者好奇地问："什么东西？这么热闹！"

"汪石冥正在演新戏呢！"新戏是什么？与别的戏有什么不一样呢？

人群中央，只见一"医生"端坐桌前，闭目凝神，正为一名"病妇"号脉。细看那"病妇"，却是用纸糊的假人，上面写着"封建残余""苛捐杂税""民不聊生""军阀混战"等字样。

再看那"医生"，正是汪石冥装扮的。煞有介事地为"病妇"问诊号脉一番后，汪石冥一拍大腿站起，对围观的人群大声说道，"此人病情太重，虽然封建毒瘤已被摘除，但尚有残留；军阀混战、苛捐杂税多如牛毛，真是民不聊生啊。"其实无须汪石冥多言，人们早已看出"病妇"指的就是当时的社会现状。

"那要怎么治啊？""那还不是没治了！"听完汪石冥的"诊断"，围观者中有人疑问，也有人摇头叹息。

"莫忙，且看我开一处方，保管药到病除。"汪石冥拿过纸笔，片刻间，一副处方写就，上面写着"处方：联俄联共汤"。见人们疑惑不解，汪石冥这才开始进入正题："诸位可知新三民主义……"随着汪石冥深入浅出的讲解，人们从疑惑到渐渐明了，再到低头默思，不少人嘀咕着："有点意思，好像是这么回事。"

当时，二十六岁的汪石冥已经加入了中国共产党，并担任当时中共南川支部的宣传委员，同时担任国民党南川临时县党部常务执行委员兼宣传部部长。汪石冥擅长组织发动工作，尤其擅长用各种通俗易懂、老百姓喜闻乐见的形式进行宣传。他经常在乡场通过这样的方式，生动形象地宣传新三民主义，宣传共产主义思想。

受尽酷刑未向敌人吐露一字　二十八岁汪石冥在汉阳英勇就义

"由于汪石冥宣传工作特别出色，南川左派国民党员迅速发展到八百余人，引起了南川国家主义派（青年党）和右派国民党的极大恐慌，他们强迫巡丁、杂役拘捕汪石冥，汪石冥被迫离开南川县城，被地下党组织派往武汉……"张跃的讲述，将思绪带到了 1928 年 3 月的一天深夜——

在汉口的某条小巷里，突然闪出一辆马车。在马车左右，几名商贩打扮的车夫虽行色匆匆，却并不忙乱。领头的商贩边走边警惕着周遭的动静，似乎准备着随时应对可能出现的突发状况。

这些商贩是什么人？为什么要深更半夜出行？他们又要去向哪里？

原来，1928 年 3 月，党中央拟定了“两湖暴动”计划。在准备工作中，湖北省委派汪石冥护送一批武器给鄂东特委。为了躲过敌人的盘查，尽快将武器送达，汪石冥和同志们商议后决定趁深夜敌人松懈时，装扮成商贩将武器送出。

一路上，汪石冥和同行的战友们穿大街走小巷，随时观察着周围的情况，但一直到此次武器护送的接头地点——汉口中山大道停云旅社，都没有任何状况发生，同志们不由得暗暗松了一口气。汪石冥却隐隐觉得有些不安：这一路上也太过顺利了，不大对劲啊！

“不许动，你们被捕了。”随着一声叫喊，汪石冥担心的事情发生了。原来，一名特务打入鄂东特委内部，获悉了此次武器接送计划，并向国民党当局进行了密报。国民党当局首先抓捕了在停云旅社接应的同志，并撤除了汪石冥等护送武器途中所有的暗哨，目的就是让汪石冥等人自投罗网，以便一网打尽。

汪石冥被捕后被关押在汉阳监狱。在狱中，汪石冥虽受尽酷刑，却坚贞不屈，未向敌人吐露一字。回顾入党以来的战斗历程，汪石冥心潮起伏，以牙刷做笔，在囚室石灰墙壁上，写下了四首气壮山河的战斗诗篇，其中写道：“横剑跃马几度秋，男儿岂堪做俘囚。有朝锁链捶断也，春满人间尽自由。”

诗中抒发了他心怀共产主义的远大理想，坚信共产主义一定会实现，无产阶级革命一定会胜利，字里行间，闪耀着他气贯长虹、大义凛然、宁死不屈的光辉气节。

1928 年 12 月 10 日，汪石冥在汉阳英勇就义，年仅二十八岁。

（本文选自《重庆日报》，有删节）

在人生最后日子里的恽代英

文/陈志刚　杨　英

恽代英

恽代英，字子毅，祖籍江苏武进，1895年出生于湖北武昌。中国共产党创建时期的重要领导人之一，著名的政治活动家、马克思主义理论家、中国青年运动的领袖。与瞿秋白、张太雷一起被人们誉为江苏常州“三杰”。

1930年5月6日下午，恽代英装扮成工人的模样，来到上海杨树浦韬朋路附近的老怡和纱厂门前等待接头的革命同志。在等待的过程中，突然出现了一群国民党便衣特务，强行搜查过往行人的全身及行李。恽代英猝不及防，也遭到敌人的搜身检查。为了不让敌人查出自己的真实身份，恽代英趁着和敌人拉扯之际，在混乱之中顺手抓破自己的脸皮，机智地辩称自己是一名临时工，名叫王作林。异常狡诈的国民党便衣特务们看到恽代英戴着眼镜，身上带着自来水笔、手表，还有四十块钱，并且又在他附近搜出了一包传单，不相信他的话，不由分说便把恽代英抓了起来。

被捕之后，尽管遭到敌人的严刑逼供，但恽代英一口咬定：“我叫王作林，是做临时工的，只晓得做工吃饭，其他的啥也不知道。”敌人见什么也问不出来，便将恽代英从上海公安局转押到国民党龙华警备司令部。不久，按一般政治犯处理，判处恽代英五年有期徒刑。在监狱中，国民党对政治犯进行了残酷的折磨和迫害，卫生和生活条件极其恶劣，不少革命同志因此而病死、饿死。为了生存下去，更好地和敌人进行斗争，恽代英组织监狱中的难友们开展斗争，最终迫使敌人不得不改善监狱的卫生和生活条件。八一南昌起义纪念日时，恽代英用自己的亲身经历向难友们讲述了南昌起义的经过和极其重大的军事、政治意义，扩大了党的影响，进一步增强了狱中难友们团结和斗争的决心。1931 年 2 月，恽代英又被转押到南京江东门外中央军人监狱，关在“星”字号牢房中。当时党中央得知消息之后，不惜一切代价组织营救。经过周恩来、瞿秋白等同志的不懈努力和四处奔走，恽代英提前被释放一事已经有了眉目。党组织也通知了恽代英，要他做好出狱的准备。

然而天有不测风云，意外的事情还是发生了。1931 年 4 月 28 日，监狱里放风的时间还没结束，看守们突然惊慌失措，如临大敌。看守长提着手枪，命令全体犯人立即回牢房。过了一会儿，看守长陪着时任国民党军法司司长的王震南，走进了关押恽代英的牢房。王震南见到恽代英之后，故作惊讶地说：“哎呀，先生久违了！不知先生在这里受苦，实在抱歉，抱歉！”说完，命令看守长给恽代英打开镣铐。恽代英知道来者不善，沉着冷静地观察着一切。王震南露出一脸假笑，从黑皮包中抽出一张旧照片，对恽代英说：“先生，你认识他吗？”恽代英用眼睛扫了一下，这是他早年在黄埔军校任教官时的照片，但他还是没有理睬王震南。王震南得意扬扬地抖着手中的照片，冷笑道：“先生，你不必再装聋作哑了。你们中共中央保卫局的头头顾顺章已经和我们合作了，他供出你就是大名鼎鼎的恽代英。”

中央军人监狱旧址外景

“无耻的叛徒！”恽代英此刻明白自己已被叛徒出卖，便轻蔑而自豪地说，“我就是恽代英！”王震南听后更加得意，假惺惺地对恽代英说：“恽先生，蒋总司令对你很器重，特派兄弟我先来探望，您这一阵子在这里吃了不少苦吧！”恽代英并不领情，把脸转到一边，傲然而立。王震南见此，继续劝导：“恽先生，识时务者为俊杰，目前共产党在中国已经穷途末路，你又何必继续往绝路上走呢？”“哈哈哈哈，穷途末路？”恽代英放声大笑，指着王震南说，“真正穷途末路的是你们，而不是我们！你以为你们有帝国主义撑腰，屠杀了成千上万的工农群众，人民就会沉默和屈服吗？你以为有顾顺章这样的癞皮狗，共产党就完了吗？你看看赣闽的红旗，听听大别山的号角，人民在反抗！蒋介石的灭顶之灾为期不远了！”

王震南听完恽代英的慷慨陈述，早已气急败坏，但为了完成蒋介石交给他的劝降任务，又不得不咬紧牙关，厚着脸皮继续劝说："恽先生年轻有为，现在党国正是用人之际，你要是能够归顺蒋总司令，高官厚禄、荣华富贵唾手可得，你可千万不要坐失良机啊！""你的意思是要我放弃共产主义信仰吗？"恽代英鄙夷地反问道。"对，对！"王震南以为恽代英动了心，急忙掏出一张纸来说道，"恽先生，你只要写个声明，就自由了。""呸！你休想！"恽代英坚定的回答使王震南狼狈不堪。但王震南仍不死心，继续劝道："恽先生，我劝你明白一点，你是党国要犯，如果再执迷不悟，后果将不堪设想。""后果？哼，大不了一个死字！共产党员为千千万万的老百姓而牺牲，为共产主义而献身，死得其所，你不要再浪费口舌了！"恽代英果断地拒绝了敌人的诱惑和威胁。

恼羞成怒的敌人见劝降失败，当天晚上就给代英戴上了重铐，并将其单独关进了"智"字号重刑犯牢房。恽代英心里明白，敌人是决不会轻易放过他的。此时此刻，恽代英思绪万千，一连串的回忆涌上心头：自己的一生的确坎坷曲折，为了中国人民的解放事业而四处奔波，几次三番地从敌人的屠刀下死里逃生，又多次组织人民参加反帝反封建的革命斗争。此时此刻，满腔热血在胸中沸腾，恽代英抑制不住激动的心情，写下了一首气吞山河的《狱中诗》："浪迹江湖忆旧游，故人生死各千秋，已摈忧患寻常事，留得豪情作楚囚。"

蒋介石见劝降恽代英的阴谋失败，便亲自下了手令：立即将恽代英就地处决。1931 年 4 月 29 日中午，监狱里的难友们正在吃饭，忽然听到过道里唱起了《国际歌》。这歌声是那么悲壮和震撼，使每一位难友不约而同地望着过道——"啊，是代英！"只见恽代英神色坦然，昂首挺胸，拖着沉重的脚镣，迈着坚定的步伐，走出了牢房。在监狱的菜园旁边，前来监刑的王震南号叫着："'共匪'恽代英跪下受刑！""共产党人是从来不下跪的！"恽代英大义凛然，面对黑暗阴森的监狱和行刑的刽子手们，恽代英发表了慷慨激昂的演说："蒋介石走袁世凯的老路，屠杀爱国青年，献媚帝国主义，较袁世凯有过之而无不及，必将自食其果……"

恽代英慷慨激昂的演讲，使敌人惊恐万状。王震南急令行刑，可是执刑者两手哆嗦，好久都扳不动枪机。执刑官无奈，只得换了另一个看守开枪。恽代英临危不惧，振臂高呼——"打倒蒋介石！中国共产党万岁！"砰，砰……枪声响了，恽代英身中数弹，壮烈牺牲，时年三十六岁。恽代英慷慨就义了，但是他的英名却永远铭刻在了人民的心中。

（本文选自中国共产党新闻网）

革命烈士叶祖绳

文 / 康正奎　高生元

1917 年 4 月，叶祖绳出生在安徽宁国东部万家乡万家村一个比较殷实的家庭。他自幼好学上进，富有同情心，具有远大理想和抱负，最终成长为新民主主义革命时期宁国本地为数不多的革命领导人和组织者。青年叶祖绳，中等偏高身材，外表俊朗，习惯穿一袭白色长袍，在同志们眼中他是一位儒雅的革命者。

少年时代，叶祖绳就显得很“不安分”，在万家乡读私塾期间，就与同学郑先源等人经常给先生出难题，并结合从进步书刊上学来的知识，抨击时弊，向同学们表达自己追求进步、向往光明的理想。二十世纪三十年代中期，带着满腔热情，青年叶祖绳毅然放弃家庭舒适生活，到南京求学。在学校期间，叶祖绳接触并接受了革命思想，树立了为共产主义奋斗终身的理想。他和中共地下组织及进步青年一道，积极投身革命活动，参加学生运动，宣传进步思想，最后被学校开除。

回到家乡后，叶祖绳的革命理想与信念没有因环境变化而消沉，一方面打理家务，一方面在周围老百姓中继续宣传革命思想。与此同时，他还想方设法周济贫苦乡亲。一次，有位叫叶斑鸠的乡亲到叶家借米，叶祖绳就叫妻子到米缸里掏几升米给叶斑鸠，并嘱咐不用还了。对于来交租买米的佃户，他总是多出少进，尽量减轻佃户们的负担，为此他常常和家人闹矛盾。至于上门来借钱的穷苦乡亲，他都是有求必应。由于他急公好义、同情弱小、谦逊善良，叶祖绳很快就在周围树立了良好的口碑，深得乡亲们的拥戴，也为他以后组织开展革命活动打下了坚实的基础。

1938 年 5 月，为了打通皖南与中共东南局的联系，中共浙西特委派遣中共党员贺千秋、叶州等人来到宁东地区的云梯、仙霞一带活动，在仙霞发展了虞朝宗、罗来发、郑先源等人入党，建立了中共虞家村党支部。其间叶祖绳与贺千秋、虞朝宗多次联系，商讨建立党组织事宜。为解决党组织的活动经费，他一次就向党组织捐

献一百元大洋和一支短枪。1940 年 4 月，宁东地区党的活动扩大到万家、宁墩、狮桥、石口、梅林等地。万家、狮桥、仙霞等建立了党支部，叶祖绳担任万家党支部的书记，万家党支部也发展到几十人。随着革命力量的发展，经中共於潜中心县委的批准，成立了中共宁东区委，虞朝宗任区委书记，叶祖绳任宣传委员。

1941 年 6 月初，万家党支部在发展党员时，不慎吸收了四名土匪，在调查清楚他们情况后，万家党组织将他们清除出革命队伍。这四名土匪因此怀恨在心，向国民党万家乡公所供出了叶祖绳等人的身份。此时正值皖南事变后不久，国民党正在大肆搜捕共产党人，面对这一严峻形势，中共於潜中心县委和宁东区委召开联席会议，商讨对策。在经过长时间讨论后，认为“与其束手就擒，不如在斗争中求生存发展”。会议决定发动兵变，夺取啸天乡公所枪支，上山打游击。会后成立了中共宁东游击支队。郑先源、叶祖绳任正副队长，虞朝宗任指导员。叶祖绳从万家带来的五名战士成为游击支队的主要力量。

1941 年 6 月 9 日晨，郑先源、叶祖绳带领十多名游击队战士，在打入啸天乡公所的地下党员接应下，趁乡公所乡丁吃早餐的时机，冲进乡公所俘获了国民党乡公所部分乡丁，顺利夺取了步枪十八支和部分弹药。并在仙霞街上组织示威游行，散发“七七宣言”传单后，向暴动指挥部壕堑关方向撤离。

当郑先源、叶祖绳率部队撤离到杨树桥时，由于天黑路险，加上大家疲劳、饥饿，队伍就地休息做饭。叶祖绳看到担任警戒的队员很疲劳，就主动代替哨兵担任警戒任务。这时，伪保长兰有根已带着乡丁们紧追上来。由于当时叶祖绳穿着一袭白色长袍，在黑暗中被敌人首先发现。叶祖绳被围追的敌人击中，身负重伤倒在血泊中。为了掩护战友们转移，他带伤与敌人搏斗，被蜂拥而上的乡丁抓俘。敌人用绳索将他拖下山去，最后壮烈牺牲。叶祖绳为了他所追求的革命事业，献出了年仅二十四岁的年轻生命。

叶祖绳牺牲后，他的母亲、妻子、子女亦经受了许多磨难。国民党对他们家进行多次搜查。他们挖地三尺，甚至连蚊帐杆也劈开，寻找地下党组织的情报。但他的亲人和战友没有被国民党的“白色恐怖”所吓倒，他们在叶祖绳的精神鼓舞下，始终在不屈不挠地进行斗争。

叶祖绳虽然已经牺牲多年了，但他和家人们的事迹始终在这片他为之献身的土地上传颂着。

（本文选自宁国新闻网）

抗日英雄杨经国

文 / 刘东阳

杨经国

杨经国，字德益，又名杨靖国、杨全、杨耀生，贵州普定人，1916 年农历正月十二日生于普定县马官镇杨家院。杨经国在兄弟四人中排行老大。

1922 年，杨经国启蒙于本村塾馆，攻读四书五经，精通《中庸》，擅长诗词，喜爱古今爱国者的著作。少年时他品学兼优，乐于助贫。1930 年，杨经国考上安顺四中（现安顺一中）。在安顺四中读书期间，他曾与同学王功元、吴邦兴等人组织过“普定同乡会”，创办《普定周刊》，并参加当时的四次学潮，反对不合理的教育制度，得到思想进步的语文老师高汇沧的启发教育，并从高老师处借阅了鲁迅先生的《阿Q 正传》、邹韬奋先生主编的《生活周刊》等进步书籍、杂志，从中受到启发。

1931 年，日本帝国主义侵略中国，强占东三省，制造了九一八事变。中国共产党主张抗日，唤醒全国人民救亡图存。从这时起，刚读初中二年级的杨经国在全国抗日救亡运动的影响下，关心国家存亡，萌发了爱国主义思想，有了拯救民族的革命理想。1933 年初，杨经国考入贵州省立贵阳高中，结识了在校同学——中共党员秦天真和徐健生（邱照）。杨经国得到秦天真和徐健生的启发、帮助，抗日救亡的爱国思想和革命觉悟进一步提高。1934 年夏，日本帝国主义咄咄逼人的侵略气焰激起了中国人民的反抗怒火。在此形势下，杨经国欲往北平求学，以图救亡。在安顺

大商人、爱国人士丁纯武的支持下，他经两广绕香港去北平。到北平时，因招生期已过，一时未能入学就读，他只得在弘达学院补习功课，并常到北平图书馆看书、学习。其间，他结识了在北平师范大学读书的贵州同乡傅以平（中共地下党员）和杜良俭（后任贵州省政协委员），得到了傅、杜二人的帮助。傅以平还向杨经国提供了《生死场》《八月的乡村》《丰收》《大众哲学》《大众生活》等进步书籍，杨经国从中受到了革命的教育。

时逢蒋介石推行“攘外必先安内”的反动政策，使日本帝国主义的侵略更加猖狂。在国家存亡的关头，中国共产党树立起抗日大旗，1935 年 8 月，我党发表了著名的《八一宣言》，呼吁全国人民团结一致，建立抗日民族统一战线。杨经国先后参加了我党领导的北平学生一二・九和一二・一六运动。12 月 16 日，学生游行队伍进入北池子时，遭到了国民党保安队的阻击和镇压，杨经国不顾个人安危，当面质问国民党警察和保安人员，并同敌人斗争。学生游行队伍在国民党枪托打、刺刀刺、刀棒乱砍乱打之下被冲散，但北平学生的游行示威运动波及全国，掀起了全国性的学生抗日救亡运动。

国民党当局预感到这股抗日新兴力量来势猛烈，就采取了提前放寒假的办法，妄图分散学生。但杨经国在我党领导的北平学联组织下，不仅不回家，还积极参加了党领导的平津学生扩大南下抗日宣传团，宣传抗日救亡的主张。杨经国在南下行军途中深入群众宣讲抗日的目的和意义。宣传团途经固安和任丘（今任丘市）的漠州，来到辛宜庄时，被国民党的警察便衣包围，杨经国在宣传返回途中被敌人抓住扣押，后经组织多方交涉，国民党的警察便衣被迫释放了他。

南下宣传一段时间后，杨经国和宣传团的同志回到北平。1936 年 2 月 1 日，在党组织的领导下，在北平石驸马大街师范大学文学院正式举行了“中华民族解放先锋队”成立大会。杨经国参加了成立大会，是第一批民先队员和骨干。由于他在上述活动中表现得坚定勇敢，经党员黄景山介绍，光荣地加入了中国共产党。

宣传团回到北平的第二天，组长霍纪光被国民党特务逮捕，关押在北平看守所。2 月 21 日，杨经国得知后去探望。国民党特务机关寻找到杨经国去探望过霍纪光的线索，就到杨经国的住地搜捕，适值杨经国外出，未遭毒手。党组织考虑到国民党搜查太紧，封锁又严，立即通知杨经国转移到石驸马大街水车胡同，与未暴露身份的傅以平、杜良俭同志暂时隐居。8 月下旬，党组织安排杨经国到张学良将军的学兵队学习。

东北学兵队是张学良将军接受中国共产党提出的抗日民族统一战线主张，采纳周恩来同志和东北军中党的工作委员会的建议，为培训中下级抗日军政干部而组建的，参加学兵队的人大都是我党组织选派的党员和思想进步的青年学生。为了避免敌人的查究，杨经国更名为杨耀生参加了学兵队。他和一百多名队员，从北平西站登上了闷罐列车，离开北平，在闷热拥挤的车厢里和其他学员畅谈国家大事，高唱救亡歌曲，气氛十分热烈。到西安后，他们换上军装，和王西萍（后任交通部副部长）等同志编在学兵队一连三排九班，杨经国任政治副班长，做党的地下工作，开始了紧张的军事训练。

1936 年 11 月中旬，日军进犯绥远。学兵队在党的领导下，发起了援绥运动。学兵队组织了救绥报告会，会上，杨经国等提议推选尚英等同志组成代表团向张学良将军请愿援绥，并倡议将伙食费捐献前线，以表援绥的抗日决心。张学良将军及时接见了全体队员，作了极其坦率诚恳的讲话，表示一定尽快促成一致抗日，绝不食言。12 月 9 日，西安市一万五千多名学生组织游行示威，纪念一二·九运动一周年。当晚，杨经国参加了学兵队举行的一二·九运动一周年的纪念大会和分列抗议。12 月 12 日凌晨，杨经国和学兵队的同志在党组织的指挥下，参加了西安事变。事变后，张学良将军的警卫营长孙铭九到学兵队作报告，宣布学兵队的训练活动将结束，准备接受新任务。队员们渴望已久的停止内战，一致抗日的日子终于到来了。

1937 年 5 月，蒋介石知道学兵队是我党领导的抗日部队，就勒令解散学兵队。东工委党组织根据当时的形势和需要，将身份未暴露的队员继续留在东北军中，分散到各连队坚持工作，杨经国、王建中等二三十人由北方局宋黎同志安排到张学良将军的东北军五十三军六九一团团长吕正操（后任冀中军区司令员、全国政协副主席）部下做地下工作。卢沟桥事变后，抗日战争全面爆发，部队奉党的指示，起义北上，六九一团改编为人民自卫军，杨经国升任二总队政治主任。为了培养更多的军事指挥员和部队政工干部，适应当时部队的需要，1938 年秋天，杨经国和冀中军区三分区司令员沙克经上级委派到延安抗大学习，认识了被贵州地下党送去延安学习的唐范宇，同编在抗大五期

吕正操

三大队，杨经国任党支部青年委员。

1939 年秋，国民党掀起了第一次“反共”高潮，抗大转移到晋察冀边区继续学习。在转移的艰苦行军中，杨经国一路做思想政治工作，给体弱的同志扛枪、背米袋，宿营后，到班里嘘寒问暖。有的同志在行军中脚肿、起泡，行动困难，他就给他们打水送饭，处处起模范带头作用。抗大毕业后，吕正操又将杨经国和沙克调回冀中军区，沙克任冀中军区参谋长。1942 年 1 月 28 日，冀中军区任命杨经国为骑兵二团政治处主任。时值日军发动对晋察冀“大扫荡”的初期，部队处在反“扫荡”的战争环境中，昼行夜宿。在这样艰苦紧张的情况下，杨经国从不放松学习，坚持学习《共产党宣言》《党的建设》《大众哲学》等书籍，认真做学习笔记，对当时党的政策和上级指示都抓紧时间学习，有时警卫员催他吃饭，他也要坚持学习完才去就餐。由于他刻苦学习，知识面很广，政治工作水平提高很快。同志们一致赞扬他勤奋好学的精神，他却虚心地说：“我是做政治工作的，军事知识还差，要抓紧时间学习军事，这是战争的需要。”

杨经国是做政治思想工作的，他处处努力做全团的表率。在骑兵二团，他参加过多次战斗，表现特别突出，对战士和群众的影响很大。

1941 年春，杨经国带领骑兵团一个排去大城县农村宣传抗日，揭露日军残杀中国人、破坏生产的罪行，他利用集市群众多的机会登台讲演。当时敌特活动猖狂，随时都有可能发生危险，但他不顾个人安危，深入群众中去找老乡谈话，鼓励抗日，积极搞好生产。

1941 年 9 月，骑兵团受命保卫上级机关的安全。在定县（今定州市）杨木村保卫战斗中，二连、四连阻击从定县、固安的来犯之敌，敌人千余并有飞机配合，战斗打得很激烈，我军牺牲十八位同志，战马被炸死十五匹。杨经国始终亲临前线指挥战斗，他大胆、沉着，出色地完成任务，保卫了首脑机关的安全。同年秋，骑兵团住在饶阳，为了掩护群众秋收、秋种，杨经国带领一个排住在饶阳城廓，监视和打击从据点出来破坏生产的日军，历时七天，掩护群众种麦子三千多亩。

1942 年 1 月，骑兵团奉命袭击敌占区安平县城。我部队攻入城后，杨经国就到城门处做动员和处理战俘的工作。

杨经国的工作很有计划性。每月按计划总结工作经验和教训，及时向上级请示报告，多次受到军区政治部的表扬。他政治思想工作做得非常深入、细致，经常找连以上干部询问部队人员的情况，然后直接找有思想问题的同志谈心，对年长有病的同志经常嘘寒问暖。杨经国对同志、对下级关怀备至，对自己的问题却从不提一句，1942 年春的一天，同志们对他开玩笑说：“杨主任，你已经二十六岁了，该找对象结婚了！”他坦然一笑：“战斗五年再说吧。”

杨经国是个多才多艺的干部，经常总结自己在实践工作中的经验，写成文章在报纸上发表。1941 年秋，他以“几千亩荒地被消灭”为题，写了骑兵团帮助群众搞生产的文章，在《冀中导报》和《前线报》发表。他还写了不少文艺作品，刊登在当时的《冀中一日》上。在他的主持下，骑兵团政治处创办了《铁骑兵》小报，内容新颖、活泼。他经常在该报发表文章，以此交流经验，推动工作。

1942 年 5 月，日军开始了“五一大扫荡”。骑兵团活动在河北省饶阳、武强、安平县一带，多次出击敌人，进行反“扫荡”，掩护群众转移，减少根据地军民损失，显示了冀中平原骑兵团的声威。由于骑兵活动的目标大，不便隐蔽，曾多次遭到敌人飞机的轰炸，受到不少损失。为了缩小目标，便于隐蔽，伺机打击敌人，团党委决定将正在执行破击深（县）安（平）路的骑兵团分散活动。杨经国等团干部与四连在深安以西活动，穿梭在敌人据点与县城之间袭击敌人。5 月 11 日夜，各连聚集在武强沙洼村，准备召开干部会，总结和布置反“扫荡”的工作。12 日上午 9 时，武强、饶阳、深县（今深州市）、安平的日军“合围”沙洼，战斗持续到下午 1 时。情况紧急，政委带二连阻击敌人，其他各连利用交通沟，分别向西南、西北方向突围。当时除了地面一千多敌人向我进攻外，还有三架敌机配合对我军轰炸、扫射。突围部队除马兴仁团长带的一连、特务连、侦察连未受到损失外，其他各连都受到不同程度的损失，担任阻击的二连伤亡甚大。杨经国和卜参谋长带领四连从武强沙洼突围出去后，转移到肃宁官厅和高阳大典庄等地活动。

5 月下旬，日军“清剿”日益频繁，斗争更加激烈、残酷，杨经国和卜参谋长带领的四连在上述地区与敌人遭遇。杨经国从马上跌落后仍持枪指挥战斗，拼杀敌人。在一次战斗中，敌人倚仗飞机轰炸、扫射，疯狂向我军进攻，因敌我力量悬殊，部队伤亡很大。杨经国的马被炸死，他也中弹，血洒疆场，壮烈牺牲，时年二十六岁。杨经国烈士为党的事业、为中华民族的解放事业献出了宝贵的生命。

（本文选自贵州基层党建网）

余志远：把最后一颗子弹留给了自己

文/杨　硕

生前不能孝父母，
死后鲜血为国流，
嘱我抗日众同志，
踏我血迹报国仇。

在乐陵市黄夹镇邸家村，几乎人人都知道这首诗。

这首诗的作者是余志远——乐陵著名的抗日英烈。在投敌与殉国之间，二十六岁的余志远毅然将最后一颗子弹留给了自己，并咬破手指写下血诗。

从小立志为民除害

余志远，原名张汉卿，1917年出生在乐陵黄夹镇邸家村一个农民家庭。“他从小学习就非常用功，成绩也很好，而且爱慕英雄人物。”邸家村见过余志远的人如今已不多，但他们对余志远的事迹却十分熟悉，该村八十一岁老人梁书琴说，余志远小时候家中经济比较困难，常常受地主、恶霸的压迫和欺侮。有一年，他的爷爷在场院里轧麦子，村里的恶霸勾结土匪，公然在他们家麦场里放火，这件事深深刻在了余志远幼小的心灵里。他十岁时决定不在村里地主开办的学校读书，一个人到外村上学。余志远十三岁考入县立高级小学，从那时起，他就立志长大后要为民除害。

余志远

1936年6月，余志远自乐陵师范附设班毕业后，分到黄夹镇西北的张牌家县立初级小学任校长。抗日战争全面爆发后，他投笔从戎，参加了由乐陵中心县委书记杜步舟组织的抗日自卫队。

余志远投身革命的行动对周围知识分子的影响很大，许多人看到连校长都当了兵，也纷纷加入了革命队伍，从而使共产党领导的乐陵县第一支抗日武装得以迅速发展。

1937年8月13日，华北民众抗日救国军第六团在黄夹镇北街宣告成立。余志远随六团转战于盐山、庆云、阳信等地。

二十一岁假死改名救亲人

1938年夏，余志远受组织委派，离开部队，担任了乐陵黄夹区（七区）民众动员委员会主任，并在此期间加入了中国共产党。他早起晚睡，忙个不停，帮助各村组建抗日自卫队。“他把乐陵的抗日活动推向了高潮。日本人对他怀恨在心，逼他当汉奸，他为了救家人假死改了名。”余志远的儿媳妇张秀奎说，“1938年8月9日早晨，十几个日本兵和一个汉奸闯进张汉卿家里，把他的父母和弟弟都抓起来带走了，并让他弟弟给他带话，说不投降就杀了他的父母。”

听说父母落到日军手里，余志远万分着急，但想到抗日大业，他还是镇定地告诉大弟弟，他会想办法把父母营救出来，但决不会向敌人投降。

为保证他的安全，组织上把他由七区调到五区继续从事抗日工作。从那时起，他取“志向远大”之意将自己名字改为余志远。为了营救他的父母，组织上放出风去说他已经牺牲了，并伪造了一座坟墓，让敌人真假难辨。敌人信以为真，放了他的父母和弟弟。

二十四岁当县长备受群众爱戴

余志远有勇有谋，1941年1月，上级委任他为乐陵县抗日民主政府县长兼县大队长。

“那个时候余志远备受当地人民拥戴，老人们亲切地叫他‘志远’，青年们称他‘老余’，小孩们称他‘余叔’。”邸家村六十五岁老人张书胜说。

1941年太平洋战争爆发后，日军开始实行惨无人道的杀光、抢光、烧光“三光”政策，对抗日根据地进行大规模的“扫荡”。当敌人获悉乐陵的抗日县长就是当年黄夹区区长张汉卿时，立即悬赏重金，通缉捉拿。

但是，这并没有影响余志远的抗日决心。他严格按照上级要求开展抗日工作，充分发动群众，带领乐陵县政府机关和独立营打击敌人，将全县的抗日工作开展得轰轰烈烈，成绩显著。1942 年底，余志远被冀鲁边区战时行政委员会评为“模范县长”。

二十六岁自尽殉国留下鲜血诗篇

在冀鲁边区革命纪念馆，展示着冀鲁边区军民在党的领导下波澜壮阔的革命历史，里面展示了余志远的事迹，并附有余志远遗笔。

据史料记载，1943 年 2 月，日军调动沧州、盐山、惠民、宁津等地的军队长途奔袭，对乐陵进行大规模的“铁壁合围”。4 月，余志远带部队转移到邢官庄时被敌人“扫荡队”包围。余志远和几个战士被困在一个院落的北屋里。正午时分，余志远的几个战友相继牺牲，屋内只剩下他和一名通信兵。

“余志远数了数剩下的子弹，又把身上带的文件和笔记本烧掉。又有三个敌人冲进院内，端着刺刀往屋里冲，余志远连开三枪，敌人当场毙命。敌人知道被包围的是余志远后，更加疯狂，声嘶力竭地叫喊：‘余志远，投降吧，皇军会给你个县长做。’见劝说无效，几个敌人从侧面爬上屋子，一边扒房顶，一边劝说他投降。余志远镇定地验了验枪，发现只有最后一颗子弹了，他将枪对准自己的胸膛，拉响了枪栓。”张书胜说，余志远牺牲后，在他战斗过的屋子里，发现了他用鲜血写下的诗句：“生前不能孝父母，死后鲜血为国流，嘱我抗日众同志，踏我血迹报国仇。”

那一年，余志远年仅二十六岁。

（本文发表于 2015 年 6 月，选自德州新闻网，有删节）

红军政委朱良桐烈士

文 / 汪红潮

朱良桐（1908 年—1931 年），旌德县蔡家桥朱旺村人，乳名小夸子，别名朱剑柏，化名朱再我。1926 年参加北伐军，在第三军政治部任职，1929 年在上海加入共产党，次年初参加鄂豫皖苏区红军，任某部政治委员。1931 年秋，在一次反“围剿”战斗中英勇牺牲，时年仅二十三岁。

朱良桐 1908 年出生在朱旺村一个农民家庭里。少年时期，因家境贫寒，一直跟随姐夫在外读书。小学毕业后，回家乡十五都小学任教员。

1925 年 11 月，旌德县第一个中共支部在三都梅村建立。次年初，党支部在县城建立联络点，创办辅仁书店，进行地下活动。朱良桐协助党组织负责人梅大栋筹集资金，去芜湖等地购买进步书刊，向青年传播进步思想。

1926 年夏，旌德各乡成立国民党组织，建立了四个国民党区党部，省委派秘书长柯庆施来旌德巡视工作，在辅仁书店召开会议，宣讲国共合作，要求旌德选派代表去武汉学习。会议决定由学生代表朱良桐、吴越、冯道，工人代表王庭甫和农民代表张照谟一同赴武汉受训。

1927 年 1 月 28 日，朱良桐和梅大栋、吴越、冯道、王庭甫、张照谟等人经芜湖去武汉。到达武昌后，朱良桐等三个学生代表经考核参加郭沫若等人负责的北伐军总政治部宣传大队。受训一个月后，经政治部宣传科章伯钧（与梅大栋师生关系）的介绍，三人被选派去南昌四眼井朱德办的军部教育团受训。六个月后，朱良桐回总政治部宣传大队任辅导员，其他两人也到政治部工作。

四一二事变后，蒋介石猖狂“反共”。7 月，汪精卫实行“分共”，国民革命军许多军政头目也开始“反共”。朱良桐所在部队军政要员相继反叛。怀着满腔革命热情的朱良桐岂肯再滞留国民党部队？他得知八一南昌起义的消息，毅然辞去职务，奔赴南昌，寻找起义队伍。当他到达南昌时，部队早已转移到湘赣边境。朱良桐惦记老母暂回家乡探望。

1928 年 9 月，朱良桐回到旌德。时值旌德大劣绅、教育局局长江养吾勾结县长吕宝章，疯狂迫害城乡进步小学教师，搜捕党组织的“教育事业促进会”领导成员，地下组织均遭破坏。朱良桐眼看回乡参加地下组织工作的愿望破灭，不愿在家久留。当年秋后，他以从部队退职时领得的薪金作为学费，和朱剑农一起考入上海大陆大学学习，并改名叫朱再我。

1929 年暑期，大陆大学停办，朱良桐失学，回乡探母月余。时值上海地下组织正在秘密组织知识青年去苏区工作，朱良桐获悉消息，感到这是实现心愿的好机会，他立即赴上海报名参加。因未办好党组织关系，暂时被安排在上海公共租界槟榔路德馨里小学任教员。这所学校是上海地下组织的工作人员作掩护的机关，梅大栋从旌德越狱到沪，也在该校任教。当年 7 月，朱良桐与朱少白（大栋妻）经同事李华介绍，也加入中国共产党。

1930 年初，由上海的党组织护送，朱良桐与一批上海青年奔赴鄂豫皖苏区，参加徐向前领导的红军队伍。1930 年 12 月，蒋介石派遣十万兵力，对鄂豫皖苏区进行大规模“围剿”。失败后，蒋介石仍不死心，1931 年夏又发动进攻，被我军挫败。红军在获得两次反“围剿”重大胜利的同时，也遭受很大伤亡。担任红军某部政委的朱良桐，就在当时付出了年轻的生命。

（本文选自《皖南晨刊》）

抗日英烈张敬文：视死如归的哈尔滨市委书记

文 / 陈光真

张敬文

张敬文，原名张义堂，曾用名张竞生，1902年生于山东省阳谷县北田庄，幼年丧母，九岁随父到大连谋生。当时大连被日本强占，劳动人民在政治上受压迫，经济上受剥削，文化上受奴役，生活十分困难。他十七岁那年，父亲托人送他到一家日本人开的小印刷厂当学徒工。

在印刷厂学徒期间，张敬文每天早到晚走，拼命劳动，一天干十二个小时的活，星期天也不能休息，但每月的工资连吃饭都不够，还经常受厂主的辱骂和毒打。张敬文忍气吞声地干了七年，学到了一手熟练的印刷技术。一天，他觉得这牛马不如的生活再也过不下去了，愤然将印字房的机器、字盘砸毁，因而被捕入狱。在狱中他受尽折磨，牙被打掉好几颗，后来在朋友的营救下才死里逃生。他怀着强烈的民族仇恨，于1925年离开大连，先在冯玉祥部队当兵，后于1928年4月通过亲友介绍，到吉林德惠中东路东省特别区第二警察总署当了警士。

在这里，张敬文结识了中共满洲省委地下党员吕清潭。在吕清潭的帮助教育下，逐渐懂得了一些抗日救国的道理，开始走上革命道路。1929年春，他加入了中国共产党。此后不久，他被提升为陶赖昭派出所巡长。从此，张敬文就以巡长的公开身份为掩护，在敌人内部开展党的地下工作。他在派出所经常找警士谈工作，唠

家常，对他们进行政治形势教育，在他们中间发展党员，扩大组织。1932年3月，中共满洲省委决定成立中共陶赖昭特别支部，张敬文任特支书记，直属满洲省委领导。他工作大胆、细致，认真负责，关心同志的疾苦，勇于挑重担，又注意对党员进行革命气节教育。在他的领导下，中共陶赖昭特支做了许多发动群众的工作。

1933年10月，以张洛书为书记的中共大连市委遭到敌人严重破坏。中共满洲省委为尽快恢复大连党的组织，派张敬文到大连开展工作。张敬文根据中共满洲省委的决定，以回山东原籍为由辞去巡长职务，于1934年1月来到大连。为了能在这个敌人统治非常严密的城市里开展党的地下工作，张敬文先在西岗舅父杨文志家落脚，后又搬到一位同乡——铁路工人高恒星家里住。出于安全考虑，张敬文让其舅父杨文志做交通员与满洲省委联系。张敬文以大连《满洲日日新闻》印刷工人的职业作为掩护，依靠山东阳谷同乡的关系开展、发展党员工作。

为了尽快恢复党的组织，张敬文在工人中广泛宣传马克思主义，培养考察积极分子，积极发展党员，扩大党的队伍。他白天到工厂干活，晚上深入工人家里，向工人宣传革命思想。张敬文知识丰富，很善于讲话。在谈话中，他反复向工人讲述历史，教育工人不要仅仅从历代王朝的更迭来看历史，还要从社会的变迁与经济发展来考察历史。他还向工人讲解社会发展史，告诉工人，一种新的社会制度取代旧的社会制度，是社会发展的必然规律。他还结合实际揭露现实生活中存在的各种不平等现象，指出彻底改变社会制度才是消除社会弊端的根本出路。

一次，同乡孔昭月问他："为什么我们这些穷孩子上不了学，应该怎么办？"张敬文说："这不是个别人的问题，而是个社会问题，即使由于某种原因，个别人的问题解决了，整个社会问题还是仍然存在，只有彻底推翻现在的社会制度，才能解决穷孩子上学等一系列问题。"张敬文还常用身边发生的事启发工人。有一次他对码头工人杨庆生说："我见过一个日本人坐中国人力车，从码头到浪速町（今天津街），车夫拉到目的地向日本人要钱，那日本人不把钱交给车夫，却把钱扔到地上。侮辱中国人到这种程度！车夫忍气吞声地捡起来，一数钱太少，再向那个日本人要钱，那家伙竟理也不理，挺着肚子扬长而去。为什么我们这个古老、文明的国家，却老是受帝国主义的欺凌呢？"杨庆生听后，联想到自己平时所受的日本人的欺侮，对日本侵略者更加仇恨了，斗争的意识进一步增强了。

张敬文在发展党员的工作中，认真贯彻党的阶级路线和群众路线，依照"严密慎重"的方针，严格按照组织原则办事。他把发展党员工作的重点放在码头、印刷、铁路工人中。他对发展的党员实行单线领导，党员之间不发生横向关系，以防遭到敌人破坏。到1935年1月，他共发展了三十名党员，建立了满铁入船驿、西川印刷所、码头等支部。张敬文很重视党员的纪律教育。他曾对印刷支部书记张道海（国扬）说:“要教育党员，使他们知道入党要遵守纪律。国有国法，党有党法，要服从组织，要有决心，才能坚持革命到胜利。”

由于党组织的不断发展壮大，1935年1月，中共满洲省委决定成立中共大连市委，张敬文担任市委书记并负责组织工作，张由德负责宣传工作，黄南波负责妇女工作。

中共大连市委成立后，张敬文经常深入工厂，了解工人的劳动和生活情况，把调查的材料写成文章，自己刻字印刷发给党员阅读，使党员的觉悟不断得到提高。1935年春天，张敬文利用日本厂主不平等对待铁路工人的事实，发动二百余名工人举行罢工。经过一天的斗争，日本厂主被迫接受了条件——每天每人增加工资一角钱，并给工人修建了澡堂，旧枕木也卖给了中国工人。这次斗争的胜利对工人教育很大，使工人认识到“团结就是力量”的道理。

从这以后，在很长一段时间里，张敬文一有空闲时间，就和铁路入船驿支部书记翟清平讲述群众工作的重要性。一次他对翟清平说:“咱们的工作有千千万万，但归根结底，都是为了把工人发动起来，组织起来。抗日是民众的事情，没有民众参加就没有抗日运动，所以我们一刻也不能忘了民众，一刻也不能脱离了民众。”

为了加强大连市委的领导力量，1935年10月，中共满洲省委又从哈尔滨调张福生（夏尚志）来大连任市委书记，张敬文改任市委组织部部长。张敬文愉快地接受满洲省委这个决定，在工作中仍不分昼夜积极工作。根据省委指示，他组织动员党员和工人、群众北上参加抗日联军。他在贯彻执行党的抗日民族统一战线工作中，不仅善于团结爱国民主人士，而且还积极地做在大连的日本工人的工作，争取团结那些反对日本帝国主义的日本人。他对党员说:“抗日是长期的斗争，我们要做长期打算，因此，要团结更多的人，不管是什么人，只要他抗日，我们就要团结。”“人越多越好，队伍越大越好。”

在极其艰苦的斗争环境中，张敬文为大连党组织的恢复、发展做了大量工作。

1936年1月，中共满洲省委撤销后，中共大连市委直属哈尔滨特委领导。同年3月，中共哈尔滨特委调张敬文去哈尔滨任市委书记。张敬文到哈尔滨后与吕清潭在道外开设了荣华客栈，以客栈老板的身份开展工人运动和发展党的组织。同年6月，由于奸细告密，张敬文被日本宪兵逮捕。面对残酷刑讯和威逼利诱，张敬文坚贞不屈，毫不动摇。他不顾严重刑伤，继续和其他同志一起对敌人进行各种形式的

斗争。他不间断地向难友进行抗日救国教育，把新入狱的同志从外面带来的消息迅速传给全部难友，以鼓励大家，增强斗志。他深知铁窗生活是长期的，所以，在狱中经常教育鼓励难友，要他们发扬团结、友爱的精神，同甘共苦，互相关照，共同渡过难关。他在狱中表现的革命斗争精神和高贵品质，受到难友的崇敬和赞扬。

1936 年 10 月 13 日，冰城哈尔滨乌云翻滚，一群荷枪实弹、如临大敌的日本兵押送着一队共产党人和革命者往刑场走去。队伍中，张敬文身穿着长衫，昂着头、挺着胸，他大义凛然，视死如归。

张敬文高呼着“打倒日本帝国主义”“中国共产党万岁”，壮烈牺牲，时年三十四岁。

中华人民共和国成立后，为了悼念这位坚强不屈的革命战士，吉林省人民政府授予张敬文烈士称号。

（本文选自中国军网）